Hecho en Estados Unidos

Realización:
BarNews Research Group
Editorial My Book
www.barnews.com
Miami Beach, Florida, EE.UU.

Diseño y Diagramación:
Carlos Calabró Caretta

Todos los derechos reservados.
Copyright ©2024, José L. Barletta, M.S.

ISBN: 9798877958371

JOSÉ L. BARLETTA M.S.

**Presidente de CEFF (Centro de Empresas Familiares del Futuro).
Autor de 2084 Una visita al Mundo AI y Metaverso**

EL EMPRESARIO
Y LA EMPRESA FAMILIAR DEL FUTURO

**No más temores a los grandes cambios y
apertura a proyectos disruptivos y a la innovación**

Contenidos

Contenidos	7
El autor	9
Advertencia	11
Agradecimientos	15
Prólogo	17
Introducción	19
Capítulo I - Centro de Empresas Familiares del Futuro	23
Capítulo II - Gestión a través del tiempo	29
Capítulo III - Gobernanza en la Oficina Familiar	43
• Una Empresa Familiar muy exitosa que no deja de crecer, Oscar Lema	67
Capítulo IV - La AI llega a Empresas Familiares	73
Capítulo V - Retos de las Empresas Familiares del Futuro	87
Capítulo VI - Importancia de la Gestión Patrimonial	103
Capítulo VII - Internacionalización	111
Capítulo VIII - Principales Predicciones	125
Capítulo IX - Algunas Conclusiones y Recomendaciones	141
Capítulo X - Notas de especialistas en la materia	155
• Propiedad Intelectual en la Empresa Familiar, Mario Golab	159
• Las transformaciones de la gobernanza, Salvatore Tomasselli	166
• El Futuro en la Gestión Patrimonial, Enrique Ortega	176
• Inteligencia Artificial como aliada Empresarial, Sylvia Testa	179
• Sobre el Futuro de las Empresas Familiares, Italo Torrese	182
• Empresas del futuro (Líder virtual consensuado), Alfredo Amigorena	185

Contenidos

- La Importancia de la Educación Continua, Jorge Zumaeta 193
- Las familias empresarias y la aviacion, Patricio Sepúlveda 199
- Objetivos y responsabilidades, Natalia Christensen Zaracho 203
- Problemática de la doble o multiple fiscalidad sucesoral, Sergio Parra 209
- Mamá, Papá y la Inteligencia Artificial, Sebastián Krupkin 212
- Mercado y ciclos para invertir, Luis G. Castillo 216
- La Empresa Familiar y una proyección al futuro, José Garagarza 224
- Legado en Acción, El Desafío de Ecosistemas, Ricardo Monticelli 228
- BarGPT 230

Eventos y Libros 233

El autor

Nuevamente lanzando un libro y la verdad que cada vez, aunque todo parecía indicar que estoy más entrenado para esta tarea, me cuesta un poco más llegar a escribir el último capítulo y describir muy buenas recomendaciones, agradecimientos y especiales reconocimientos.

En estos días estoy manejando una nueva iniciativa denominada "Editorial My Book" me siento más responsable de que el contenido seleccionado permita dar mi punto de vista de lo que realmente significa "El Empresario y la Empresa Familiar del Futuro' y con que escenarios de negocios se van a encontrar estos ejecutivos parar asegurar el éxito a cada una de las empresas que manejan.

Al participar este año en varios eventos vinculados al Mundo de las Empresas Familiares e intercambiar ideas con gran cantidad de especialistas, consultores y destacados expositores en esta área tan activa en estos tiempos donde la tecnología y en especial la Inteligencia Artificial, todo lo cambian fui más que motivado para animarme y lanzarme a escribir este nuevo libro con la confianza que el mismo podría llegar a transformarse en una nueva guía para ayudar a todos los que de una forma u otra integran este mundo a dominar mejor los aspectos que en definitiva tienen que ver con la gobernabilidad y gestión de estas empresas con las nuevas herramientas que surgen como resultado de conjugar los nuevos elementos de la innovación.

Cuando en una de mis presentaciones comenté que mientras

me desempeñaba como director de la Internet Society estaba en ese entonces trabajando en un documento o White Paper, denominado "El Embajador y la Embajada del Futuro", seguidamente después de ese comentario varios de los especialistas en estos temas y expositores presentes en el último Congreso del mes de noviembre del 2023, me sugirieron porque no aplicaba ese mismo concepto para tratar ahora a los Empresarios y las Familiares del Futuro y es ahí donde surgió el nombre de este nuevo libro: "El Empresario y la Empresa Familiar del Futuro"

En aquel entonces se estaban dando los primeros pasos de la Internet y aunque la Inteligencia Artificial se puede decir nació 1950 con ciertos estudios de Turing recién en estos años está llegando su impacto a todos los rincones de este mundo tan cambiante en que vivimos.

De inmediato analicé esa posibilidad y en menos de una semana, no sólo ya tenía la tapa diseñada, sino que creé un grupo de trabajo para que se sumen a este nuevo desafío y puedan ser parte de él.

Cada uno de los capítulos seleccionados más el último en el que se colocan todas las notas enviadas por los especialistas que decidieron sumarse al desarrollo de este nuevo libro, le dan al mismo un increíble contenido, que tratamos de ser un poco disruptivos, diferentes para que ciertos temas tengan un matiz de guía para ponerlos en un plano en el que se gira en torno a esos tres círculos creados por David, al que le sumamos uno nuevo, sobre innovación, Tecnología y AI, para que se entienda su alcance y se puedan aplicar sus guías descriptas.

La verdad es que me arriesgué a agregar un nuevo círculo a los tres tradicionales en el mismo que se detallan varios de los temas vinculados a la innovación y las tecnologías que representan su ecosistema, tales como IoT, AI, Blockchain, Tokenización y otras variedad de nuevas herramientas que ayudan a este tipo de empresas a desenvolverse en el mercado con una mayor posibilidad de éxito.

Advertencia

Lo mismo que hice en los libros anteriores y White Papers desarrollados, me resulta una necesidad aclarar y en especial advertir que si usted decide darnos el gusto tanto a mí, como a los colaboradores e invitados especiales de leer este nuevo libro y por lo tanto dar un decidido paso al futuro, introduciéndose en el Mundo de la Inteligencia Artificial, corre el riesgo y el deseo de quedarse en el mismo, ya que va a advertir que se encuentra frente a una gran herramienta que estará siempre a su servicio y con el advenimiento de los nuevos proyectos disruptivos, en el Mundo de las Empresas Familiares todo parece cambiar para bien y hacernos sentir parte de estos cambios.

Usted podrá advertir que ahora se pueden hacer cosas que complementan su vida, su empresa familiar, que se desarrolla en el mundo real teniendo como límite tan solo su imaginación y estas empresas, con la incursión de nuevas generaciones en sus estructuras, todo parece quedar a tan solo un click de distancia del gran éxito.

Con el advenimiento de la Internet también surgieron temores y se crearon grandes dudas y conflictos en el ámbito académico, especialmente cuando el dominio .com fue anunciado, hecho que provocó una gran reacción de todos aquellos que sentían que el único dominio válido era el *.edu*. Hoy cuando hablamos de la Internet del Futuro o sea el mismo Metaverso, todo para indicar que gran cantidad de empresas familiares a nivel mundial comienzan a sumergirse en estos nuevos modelos de negocios y atractivo marco resultado de los continuos procesos de innovación que siguen poniéndose de manifiesto a todo nivel.

Cuando en el título de este nuevo libro mencionamos al Empresario pero con mayúscula, dejamos claro que es el que más está cambiando y los representantes de las nuevas generaciones en más de una ocasión al sumarse a este tipo de empresas ponen en peligro el tradicional procesos de sucesión de las mismas.

Usted podrá apreciar que en todo momento tratamos de demostrar en cada uno de los capítulos seleccionados, entrevistas desarrolladas y eventos organizados, que todos estos nuevos desarrollos que de una u otra forma llegan a nuestros hogares, oficinas, escuelas, hospitales, de una forma u otra están pensados y han sido creados para que nosotros, los humanos no los Chatbots, los usemos y los aprovechemos para que nos permitan de alguna forma aumentar nuestra calidad de vida y darle a las Empresas Familiares y lo más importante a los que son parte proactiva de ellas un verdadero horizonte utópico.

Seguidamente al hablar de la Revolución Industrial sin quererlo y mencionar la Revolución Informática, tan sólo quiero sentar las bases para comenzar a abrir los ojos ante lo que podía llegar a ser una nueva revolución que como resultado de todos estos cambios y adelantos tecnológicos tratamos de descubrir. Cambios y más cambios dan como resultados nuevos escenarios de negocios, nuevas carreras, nuevas formas de trabajar, nuevas formas de comunicarse, de vender, de documentar de ofrecer productos y de ocupar puestos de trabajos. Cuando Nicolás Negroponte escribió *"Ser Digital"* marcó también un hito y fue el de la gran transformación de lo analógico a lo digital. Hoy ese cambio ya es imparable y nos llega a todos y de una forma u otra algo tenemos que hacer para no perder la posibilidad de sumarnos a los mismos de una forma muy proactiva.

Durante toda la década del 90 la Internet pasó a marcar la diferencia y la gente poco a poco comenzó a usar las tres WWW y el tan difundido en la actualidad símbolo "@", el que en aquel entonces nadie conocía. Con esta difusión y la fallida inserción en el mercado de la Inteligencia Artificial en los años 80, se crearon las bases para lo que fue una pequeña revolución dentro de la Gran Revolución Informática y fue precisamente el advenimiento de las Redes Sociales, de la AI y los verdaderos escenarios donde comienzan a moverse los nuevos empresarios del futuro.

Como lo he mencionado en varias partes del libro, por primera vez en estos tiempos se da el caso de la participación en el Mundo de las Empresas Familiares, de representantes de 5 diferentes generaciones y a pesar del gran esfuerzo por comunicarse entre ellas, sin desearlo, tanto el impacto de la tecnología y en especial por el advenimiento de los proyectos disruptivos y la misma innovación, se crean en la mayoría de los casos faltas de comprensión y de comunicaciones muy difícil de denominar.

Agradecimientos

Cuando tengo que llegar a esta parte del libro, siempre me ocurre lo mismo, ya que son tantas las personas que deberían figurar en este agradecimiento que temo olvidar algunos nombres, pero voy a hacer lo posible para que esto no suceda. En primera instancia no puedo dejar de nombrar a Silvia, mi querida esposa, con la que tenemos nada más que 55 años de casados y es la que se encarga de la edición de todos los documentos que me toca publicar.

Para el Dr. Sergio Parra, organizador del último Congreso y presidente de ILAEF, en el que tuve la oportunidad de ser parte proactiva como Expositor ante un maravilloso grupo de entusiastas participantes y que en cierta medida fue el evento que me motivó para lanzarme con esta nueva iniciativa.

También Natalia Christensen jugó un papel muy importante en mi decisión de dejar plasmados varios de los conceptos presentados en forma motivadora y me produjo un gran deseo de profundizar en su tema y además invitarla a que se sume y me prepare un resumen a ser incluido en este libro.

A todo mi equipo de apoyo, Carlos Calabró, Damian Meligeni y Leandro Alfaro, encargados de darme apoyo para concretar la investigación sobre las cifras que demuestran que, a nivel Global, las Empresas Familiares tienen un gran impacto en la economía a nivel mundial.

Gracias a este apoyo pude completar uno de los capítulos en el que se pone de manifiesto y queda claro tanto su rol de las empresas familiares en la sociedad como en su nivel de impacto que tienen las mismas en los distintos índices de PBI que alcanzan en estos días.

Agradecimientos

Desde Italia, y en especial, desde la Universidad de Palermo, el Dr. Salvatore Tomaselli no deja de acompañarme en toda la edición de libros, misiones comerciales y los congresos que me tocan organizar y participar. Como gran expositor, Salvatore siempre me hace quedar muy bien con la forma de poner de manifiesto su experiencia. Él fue uno de los inspiradores para lanzar este nuevo libro y su proactiva intervención en el mismo no dudo que le va a dar más nivel.

No puedo dejar de nombrar a Mario Grinman, actual presidente de la CAC - Cámara Argentina de Comercio y Servicios, por el maravilloso apoyo al brindarme el auditórium de la mencionada cámara, que usamos en varias oportunidades y estuvo lleno.
En nuestro próximo evento que tenemos programado para el día 12 de marzo con el nombre de Misión Comercial 5.0, que tenemos programado hacer el lanzamiento formal de este libro, con el que esperamos llegue a la mayor cantidad de miembros de Empresas Familiares, que son realmente muchos.

Tanto para todos los miembros del Directorio de CAMACOL, de FEBICHAM y en especial para los directivos de la reciente organización regional que me tocó participar como fundador y que fue bautizada como REBITI (Real Estate Business Innovation and Technology Instituto) por darme gran apoyo, motivación e información para concretar esta nueva iniciativa.

Mensaje del autor.

Prólogo

Dr. Jorge Zumaeta
Profesor y conferencista.
FIU Continuing Education

En una era donde la innovación y el cambio son constantes y vertiginosos, *"El Empresario y la Empresa Familiar del Futuro"* emerge como una obra esencial para guiarnos por el sendero que lleva al éxito, enseñándonos como maximizar las oportunidades que crea la cuarta revolución industrial y como estructurar y dinamizar las empresas familiares. Esta obra está escrita por el Licenciado José Barletta, Máster en Ciencias, un visionario en el ámbito de la gestión empresarial y con una larga trayectoria en determinar la mejor manera de utilizar las nuevas tecnologías en los negocios. La experiencia de Barletta ha sido forjada en la práctica y enriquecida por su rol como educador y conferencista, esto le otorga una perspectiva única sobre los retos y oportunidades que enfrentan las empresas familiares en el siglo XXI.

En este libro, Barletta no solo comparte su vasto conocimiento, sino que también invita a la reflexión sobre cómo las empresas familiares pueden adaptarse, innovar y prosperar en un entorno empresarial que evoluciona rápidamente en estos últimos tiempos. El libro a través de sus páginas muestra los complejos lazos entre la tradición y la modernización, el liderazgo y la gestión, la plusvalía y la sostenibilidad, mega trends y la microempresa, así como la importancia de la visión a largo plazo en la continuidad empresarial.

Además, él profundiza en la esencia de las empresas familiares: sus tradiciones. Él argumenta que estas tradiciones no son solo reliquias del pasado, sino pilares fundamentales que proporcionan estabilidad y sentido de identidad en un mundo empresarial en constante cambio. Resalta cómo la preservación de valores, prácticas y la cultura familiar puede coexistir con la innovación y la adaptabilidad, formando un puente entre generaciones y asegurando una transición fluida y sostenible en el liderazgo y la gestión de la empresa. Esta sinergia entre lo antiguo y lo nuevo es crucial para el éxito a largo plazo de las empresas familiares como lo presenta en los ejemplos de Suecia y Japón.

El lector encontrará en este libro no solo una guía, sino también una fuente de inspiración para navegar con éxito las turbulentas aguas del mundo empresarial actual. Con ejemplos prácticos, estudios de caso y reflexiones profundas, Barletta traza un camino hacia el futuro para las empresas familiares, destacando la importancia de la adaptabilidad, la innovación y, sobre todo, la visión humana en los negocios.

Introducción

"Elije el trabajo que te agrada y no tendrás que trabajar ni un día más en tu vida"
Confucio

A fines del mes de noviembre del 2023 se llevó a cabo en la Ciudad de Miami un interesante y concurrido evento sobre Empresas Familiares organizado por el Dr. Sergio Parra en su carácter de presidente del Capítulo de Miami del ILAEF, organización presidida a nivel Global con sede en Argentina por la Dra. Natalia Christensen.

Con maravillosas, muy claras y atractivas presentaciones, tanto los organizadores como los expositores invitados dejaron en todos los participantes un sabor a algo más, ya que cada uno de los temas tenían en común una invitación a aceptar todos los cambios de paradigmas que vivimos.

Todos siguieron muy de cerca cada uno de los paneles programados y durante las rondas de negocios y secciones de preguntas, se analizaron alternativas para asegurar que cada uno de los contenidos de los temas tratados, se pudiesen presentar de una forma organizada y con especial atención a casos de éxito detallando los impactos de los cambios mencionados y de la misma tecnología y deseos de innovación en cada una de estas "Empresas Familiares" que sin duda representan un gran número en la mayoría de los países.

Cuando analizamos varios de los innumerables estudios que se vienen desarrollando, nos damos cuenta de que este tipo de iniciativas están realmente presentes a nivel mundial y los valores que se manejan en las mismas tienen un gran impacto en los productos brutos de los países.

El Empresario y la Empresa Familiar del Futuro se mencionó en varias oportunidades la importancia de los representantes de las distintas generaciones que están presentes en estas estructuras y también se dejó constancia que, en estos tiempos, es prácticamente la primera vez que interactúan cinco generaciones que giran en torno en la gestión y tomas de decisiones en este tipo de empresas.

Un mes antes de este evento se organizó para miembros de este tipo de empresas otro, pero esa vez en forma virtual, y se usó el mismo para llevar a cabo un nuevo relevamiento, sobre los temas que tienen una mayor importancia y que son requeridos por los potenciales participantes, para asegurar el éxito y continuidad de estas empresas. Gracias al aporte de los expositores invitados y consultas efectuadas con consultores seleccionados que se encuentran en la actualidad muy vinculados a varias de las empresas familiares más destacadas a nivel mundial y especialmente las que operan tanto en el entorno de Madrid como se Miami, pudimos determinar cuáles serían los capítulos más adecuados para darle forma e integrar este libro que me he animado a sumar a mi colección y ponerle como nombre: *"El Empresario y las Empresas Familiares del Futuro"*.

Surgió en las diferentes presentaciones la importancia que tiene hoy en día la fuerza de la "Innovación" y que los empresarios que conforman estas empresas, o mejor dicho sus líderes que integran los Consejos de Familias y que son parte de la gestión, deberían tener en cuenta que significa conjugar este nuevo concepto que permite dar pasos de la mano de la tecnología y que se escribe con mayúscula por su trascendencia.

En el II Congreso sobre la Gestión Integral del Family Office que se presentó el último día del mes de noviembre 2023 con gran asistencia y realmente excelentes presentaciones y discusiones como parte de la Ronda de Negocios que se llevaron a cabo durante los dos días que duró este evento, se ofreció una experiencia única que fue más allá de las conferencias tradicionales.

Todos los organizadores de este evento y en especial los participantes tuvieron de acuerdo que se ilustraron y aprendieron de expertos de renombre en el mundo de las Empresas Familiares. Todos los oradores, con una trayectoria consolidada, compartieron sus conocimientos sobre los nuevos modelos de este tipo de empresas, incluyendo aspectos de innovación y tecnología explorando cómo estas entidades se están transformando para adaptarse a un mundo en constante cambio y desarrollo.

Lo más importante de destacar que gracias a este evento recibí una dosis de energía y motivación para lanzarme a una nueva aventura literaria como escritor y con la ayuda de los profesionales que se sumaron a esta iniciativa con sus maravillosas notas, para darle vida a este libro.

"Las relaciones familiares armoniosas son la clave para construir una sociedad prospera."
Confucio

Capítulo I

Centro de Empresas Familiares del Futuro

Cuando se creó este centro en el 2021, ya hace unos años y se lanzó en uno de los Congresos Hemisféricos de CAMACOL, precisamente el Nro. 41, con gran concurrencia de participantes de 23 países, asumí su presidencia con gran entusiasmo y dedicación. Junto a mi socio y presidente de Softlanding Global, Italo Torrese, le dimos los primeros toques a esta imagen que sufrió varios ajustes y después de gran cantidad de consultas y sugerencias recibidas a nivel regional, tomó esta forma que presento a continuación.

Durante el desarrollo de uno de los paneles, precisamente el dedicado a "Empresas Familiares y su Impacto en la Sociedad", nos dedicamos a definir cada uno de estos elementos que hace a la gestión e integración de este tipo de empresas, con ejemplos bien concretos, y algo que consideramos lo más importante, como lo veían y definían prácticamente cada uno de los participantes.

Logramos un gran intercambio de ideas actividad y gracias a ese enfoque, pudimos, aparte de dar nuestras definiciones, recopilar muchas de índole práctica, acompañadas con concretos ejemplos, por gran parte de los participantes mencionados.

Trabajamos en base a esta imagen que presentamos a continuación donde pusimos como punto de entrada y de referencia al Centro de Empresas Familiares del Futuro.

Nos apoyamos en varias investigaciones y nos ocupamos de analizar que tenían en común las denominadas 10 empresas familiares más importantes a nivel mundial, y especialmente tratamos de detectar porque sobresalieron y perduraron y seguirán activas en el tiempo.

En la imagen que definimos con Italo Torrese las distintas áreas en nuestro Centro para programar todas las acciones que se deberían tener en cuenta, dimos especial cuidado a todo lo que tenía que ver en indicadores mencionados para medir la verdadera performance en cada una de las áreas de las distintas empresas familiares.

Detectamos que todas estas empresas se apoyaban en sólidos "Planes de Negocios" y sus especialistas y sus asesores, los consideran esenciales para proporcionar estructura y dirección a todas las empresas familiares pero lo más importante es que estos planes desempeñan un papel crucial en la gestión de las dinámicas familiares, la planificación de la sucesión y la garantía de la continuidad a lo largo de las generaciones.

Por esa razón uno de los puntos clave de la imagen en la que centramos toda nuestra atención se le dió especial énfasis a este tipo de planes.

Walmart con sus 2.3 millones de empleados, es considerada la número uno de las Empresas Familiares y su fundador con mucho orgullo comentó que uno de sus secretos fue su posición de crear algo diferente, disruptivo y apoyándose en gran escala en el uso de nuevas tecnologías e inclusive la misma Inteligencia Artificial.

Según los hermanos Sam, James y Bud Walton, sus fundadores el gran éxito de esta empresa familiar por excelencia, se lo atribuye a que tienen un gran control de su red de suministro que les permite optimizar la distribución de sus productos y para ellos lo más importante, la reducción de que solo se logra con bajos márgenes de ganancia y gran rentabilidad en base a un sustancial volumen de ventas.

A lo cual, los hermanos fundaron Walmart con una clara misión que se convertiría en el secreto para poder innovar en muchos de los ámbitos de la industria de venta al por menor: "Ayudamos a las comunidades a ahorrar dinero y vivir mejor en cualquier parte del mundo"; estableciendo así el fundamento de su empresa "Los precios más bajos siempre y en cualquier lugar".

Esta visión de negocio permitió a Walmart tomar decisiones e implementar innovaciones que lo llevaron hasta donde hoy se encuentran con la finalidad de ofrecer siempre los precios más bajos, enfocar la expansión de sus tiendas en áreas rurales, en lugar de competir en zonas urbanas que ya estaban saturadas con tiendas de tipo
Centrarse en que sus clientes pudiesen comprar todo lo que necesitan en cuestión de minutos, en lugar de estar recorriendo la tienda por horas.

Implementar una línea de cajas al final de la tienda en lugar de tenerla al inicio del mostrador. Acudir directamente con los productores y establecer una relación para obtener el mejor precio y la suficiente cantidad de variados productos para satisfacer la demanda de todo tipo de clientes, ofreciéndoles precios muy bajos o bien algún tipo de ofertas todos los días.

Cuando presentamos estos planes, y en especial cuando los hacemos para todos aquellos que nos contratan para este trabajo, aclaramos que este documento es simplemente una herramienta que describe la Visión y la Misión de una empresa, su estrategia, los objetivos a mediano y largo plazo y los métodos específicos que utilizará para alcanzar esos objetivos. No es otra cosa que la tradicional "Hoja de Ruta" la misma que ayuda a los empresarios a comprender, planificar y dirigir sus operaciones. Los Planes de Negocios son herramientas fundamentales para empresas de cualquier tamaño, y demás está decir, también para las empresas familiares.

En el contexto de empresas familiares, estos planes son muy importantes y estas son algunas de las razones por las cuales son cruciales en especial para todos aquellos que se encuadran dentro los denominados Empresarios del Futuro:

Claridad y Visión Compartida: Los planes de negocios ayudan a definir la misión y visión de la empresa. En el caso de empresas familiares, esto es crucial para asegurar que todos los miembros de la familia estén alineados en cuanto a los objetivos y la dirección estratégica de la empresa. Juega el papel de mapa que nos permite llegar a donde uno desea.

Gestión de Recursos: Estos planes ayudan a gestionar todos los recursos de manera efectiva y esto es considerado clave ya que a través de estos se logran dinámicas únicas y lo más importante, se facilitan las relaciones personales que deben ser muy tenidas en cuenta en el momento de la asignación de roles y responsabilidades.

Continuidad y Sucesión: En las empresas familiares, la planificación de la sucesión es un componente crítico y gracias a los planes de negocios y también a la definición de claros protocolos se asegura lograrlo en forma bien efectiva. La tecnología ayuda mucho en este aspecto, ya que son varias las empresas que ya están usando las ventajas de la innovación usando tecnologías como las de blockchain para tokenizar la mayor cantidad de documentos en especial los de protocolos y todos aquellos que tienen que ver con la organización.

Cuando se apoyan en el desarrollo de un "Plan de Negocios" los directivos de estas empresas pueden incluir estrategias para asegurar una transición suave a las generaciones futuras, incluyendo la formación y desarrollo de liderazgo.

La fuerza de la Imagen Corporativa *(La buena y única Marca)*: El hecho de contar con un único logo, un slogan, es clave para ayudar y apoyar todas las tareas de mercadeo. Uno de los errores que se suelen cometer en este mundo de las "Empresas Familiares" es el hecho de que a veces suelen salir al mercado sin una clara y definida imagen corporativa, y en especial un único logo, y eso se presta a confusiones y a pérdida de fuerza para llegar a competir y atraer más a la atención de potenciales cliente.

Financiamiento y Crecimiento: Cuando se trata de lograr financiamiento externo o se está planeando expandirse, un "Plan de Negocios" sólido puede ser crucial. Ayuda a demostrar a los inversores o prestamistas que la empresa tiene una estrategia clara y viable para generar ingresos y gestionar riesgos.

Gestión y toma de decisiones: No cabe duda de que cuando los miembros de una Empresa Familiar se apoyan en planes que ellos mismos han participado en su creación, es más fácil llevar a cabo una gestión más ordenada y estar en mejores condiciones parar identificar problemas.

Innovación y Reto al cambio. Modelos disruptivos: Al hablar de los Empresarios del Futuro, de los cambios que estamos viviendo, y el mismo impacto de la tecnología que llega a todos los rincones de nuestra sociedad, no podemos dejar de mencionar la necesidad de aferrarnos a la "INNOVACION" pero con mayúscula y hacer los posible para ser parte proactiva de ella y no dejar que todos estos nuevos adelantos o cambios que vivimos nos transformen de alguna forma esclavos o en víctimas, sino en ser grandes hacedores que usufructuarán a los mismos.

Es aquí donde sin duda se pueden producir algunos desacuerdos o choques generacionales, ya que son distintos los lenguajes que se utilizan, las herramientas, los nuevos dispositivos y algo que podríamos decir es lo más importante, la forma de encarar los trabajos y problemas que se presentan en estos tiempos.

Aparte de Walmart figuran otras empresas y lo curioso que dentro de esas 10, siete son americanas y dos alemanas.

> *"No hay que dejar una oportunidad que nunca va a presentarse otra vez."*
> Proverbio Chino

Capítulo II
Gestión de la Empresa Familiar a través del tiempo

A. Introducción

Las empresas familiares, que representan alrededor del 85% del total de empresas en el mundo y aportan el 55% del PBI, muchas de ellas tienen serios problemas cuando la compañía tiene que sobrevivir en el traspaso generacional que están obligadas a realizar por el pasaje del tiempo.

Estos porcentajes varían según las cifras que aportan distintas fuentes de los países ya que en algunos se habla de que cada 10 empresas existentes, 9 de ellas son de índole familiar.

Está demostrado que las denominadas "Empresas Familiares" representan a estructuras muy antiguas y surgieron al mismo tiempo que el nacimiento de las ciudades entre ellas la de UR, considerada la más antigua, madre y modelo de todas las ciudades que conocemos hoy en día.

Esta ciudad, nacida hace ya más de 6.000 años es considerada uno de los más destacados y primeros núcleos urbanos de la Mesopotamia. Su gran legado arqueológico es uno de los más hermosos que se conoce en estos tiempos. Irak, escenario de grandes guerras es el lugar donde se vio nacer la primera civilización de la historia, precisamente en la denominada Edad de Bronce.

También hay historiadores que aseguran que es en esa época cuando comenzaron a aparecer los primeros conceptos de empresas familiares que se fueron desarrollando a través del tiempo y que se acomodan a las condiciones que les toca vivir como resultados de distintos procesos de transformación que se fueron produciendo en todos los sectores de la economía, en especial los últimos que son los digitales y los que viven también en un mundo virtual.

Allí es donde se desarrolló una agricultura intensiva basada en un nuevo y llamativo sistema de irrigación avanzado. La organización política y la urbanización de los asentamientos en el IV milenio A.C. conducirían a la aparición hacia 3.000 A.C. de las ciudades-estado que conformaron el nacimiento de la civilización actual. En realidad, se consideran los primeros grupos organizados más antiguos de la humanidad, y dieron lugar al nacimiento de las primeras empresas familiares que se conocieron, las que mantienen un rol predominante en la economía, definitivamente son la columna vertebral de la producción de gran cantidad de países dado que representan más del 70% del PBI de estos.

Se estima en la actualidad que hay unos 14 millones de empresas familiares solo en la Unión Europea, y que en total generan más de 60 millones de empleos en el sector privado. Por otro, lado en los Estados Unidos, las empresas familiares estimadas ocupan el 80% del total del mundo empresarial y generan casi un 50% del empleo privado.

Existe en la actualidad un aproximado del 70% de las empresas familiares que registraron un gran crecimiento son especialmente las que sobresalen por tener un claro arraigo a un conjunto bien claro definido de valores familiares y en especial un propósito de negocio consensuado, apoyándose especialmente en la definición de una visión muy bien definida.

Las 500 empresas familiares más grandes del mundo generan en conjunto casi US$8 billones por concepto de ingresos y emplean alrededor de 25 millones de personas.

B. Facturación anual

El 'top ten' de las mayores empresas familiares del mundo, un ranquin elaborado con datos de la consultora EY en colaboración con la universidad suiza de St. Gallen y analizado por EXPANSIÓN, está formado por Wal-Mart, Berkshire Hathaway, Exor, Schwarz, Ford Motor, BMW, Koch Industries, Cargill, Comcast y Dell.

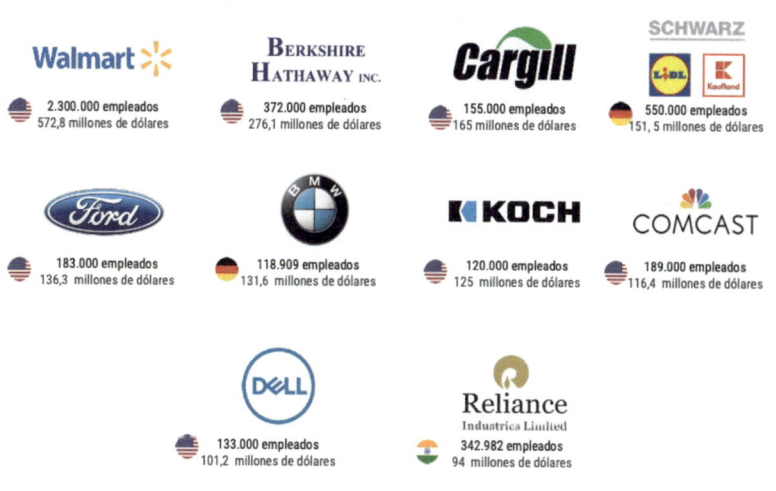

Todas estas empresas tienen algo en común, y es el hecho que sus planes de negocios ocupan un lugar de preferencia en todo lo que tenga que ver con sus pautas de organización y gestión.

Queda claro que uno de los grandes desafíos que enfrentan las Empresas Familiares es el de cómo crecer y moverse en el mercado sin ningún tipo de quebrantos. Tradicionalmente todas estas empresas han sido muy conservadoras especialmente por la gran corriente globalizadora que viven y en especial por la fragmentación de los mercados y el impacto de las variadas corrientes tecnológicas.

Precisamente la Nro. 1 que es Walmart fundada por los

hermanos Walton quienes fueron los primeros en seguir un enfoque disruptivo para darle vida a su iniciativa que no deja de crecer y expandirse a nivel global y lo que trataron de hacer después de observar minuciosamente a la competencia, decidieron hacer algo diferente y en especial en sentido contrario de los grandes lineamientos que seguían otras de las grandes empresas familiares del mercado, especialmente la de los EE. UU.

EMPRESA	FAMILIA	INGRESOS
Wal-Mart	Walton	559,1
Berkshire Hathaway	Buffett	245,5
Exor	Agnelli	145,3
Schwarz Group	Schwarz	140
Ford Motor	Ford	127,1
BMW	Quandt	122,2
Koch Industries	Koch	115
Cargill	Cargill-Macmillan	114,6
Comcast	Roberts	103,6
Dell Technologies	Dell	94,2
Bosch	Bosch	87
Reliance Industries	Ambani	79,5
SK Corp.	Chey	73,9
Country Garden Holdings	Yang Guoqiang	71,1
Schaeffler	Schaeffler	70,5

Ingresos en miles de millones de dólares - *Expansión*

Esta empresa no dejó de sumarse a esa corriente de globalización y sus directivos no dudaron que junto a la adquisición de un gran número de talentos pudieron encontrar la clave del éxito que siguen disfrutando.

C.   ¿Qué hacen con AI?

La era de la digitalización ha transformado significativamente la forma en que operan las empresas en todo el mundo y la adopción de la tecnología de la Inteligencia Artificial (IA) es la que ha sido uno de los principales catalizadores de este cambio. Con esta tecnología, aunque no es fácil apreciarlo a todos los niveles de la empresa, se pone en marcha un nuevo mecanismo que permite crear un increíble potencial para mejorar la organización, la eficiencia, la rentabilidad, los controles, las comunicaciones y lo más importante la competitividad. Las empresas familiares, que a menudo se basan en valores y tradiciones sólidas, enfrentan desafíos únicos al adoptar nuevas tecnologías.

La implementación de la inteligencia artificial en empresas familiares puede brindar oportunidades significativas para mejorar la eficiencia sin olvidar que lo más importante será siempre la gente, hoy en día llamado el "Talento". Como parte de los análisis que efectuamos para obtener datos de todos estos procesos que estamos mencionando, visitamos las instalaciones de Wal-Mart ubicado próximo a Doral y apreciamos algunos detalles que marcan la diferencia. Vimos que todos los productos están bien a la mano y estratégicamente muy bien colocado y presentados. La atención es increíble y constante.

Los precios muy tentadores y la ubicación de las cajas pensadas de tal forma para que, en todo momento, sus clientes piensen que están por demás bien atendidos. En algunos casos usan las facilidades de la Realidad Aumentada para darle más visibilidad a sus productos en especial a sus ofertas.

La Inteligencia Artificial (IA) es una tecnología que permite a las máquinas realizar tareas que normalmente requieren de la inteligencia humana, como el análisis de datos, la automatización de procesos, la atención al cliente o la toma de decisiones. La IA aplicada a las empresas familiares puede ofrecer numerosos beneficios, como la mejora de la eficiencia, la productividad, la innovación y la competitividad. Sin embargo, también plantea desafíos, como el impacto en el mercado laboral, la adaptación a los cambios generacionales, la protección de los datos o la ética.

D.   ¿Innovación en las Empresas Familiares"?
¿Qué es lo que mantiene a las empresas familiares vivas a través del tiempo? La respuesta de varios estudios realizados a empresas familiares, apuntan principalmente a una variable: la capacidad de innovación y la obtención de talentos que ayuden no sólo a entender los procesos de digitalización, sino

aplicarlos a todo nivel.

La innovación es un motor empresarial, no sólo para las empresas familiares, sino para cualquier organización que quiera sobrevivir y crecer a través del tiempo.

No se trata siempre de concebir nuevos productos. La innovación tiene la capacidad de tocar todas las esferas de una empresa, desde sus procesos internos, liderazgo, hasta la introducción de la compañía en un nuevo mercado o la creación de productos nuevos relacionados con la actividad principal.

En estas organizaciones, la innovación se relaciona con otros factores que pueden sostener su crecimiento y éxito. En un estudio de Credit Suisse titulado "Familias empresarias en América Latina: ¿Cómo aumentar el potencial transgeneracional?", se sostiene que las familias empresarias exitosas son aquellas que han logrado, por una parte, generar modelos de negocio que combinan innovación y tradición y, por otra, que han llevado a cabo procesos de transición generacional que fomentan a la vez el emprendimiento y la cohesión familiar entre las nuevas generaciones que se incorporan.

La innovación en empresas familiares es esencial. "Al hacerlo, han sido imbatibles frente a sus competidores", apunta el análisis.

No sólo en América Latina la innovación es uno de los ingredientes del éxito para las empresas familiares, sino que esta variable es esencial en cualquier organización.

Un libro titulado "100 familias que cambiaron al mundo", que es un estudio sobre 100 empresas familiares europeas y de Estados Unidos que han trascendido a través del tiempo como Faber Castell, Swarovski, Editorial Espasa, Peugeot Group, Michelin, LÓreal o Heineken, explica que la única manera en la que estas lograron la longevidad fue a través de una "pléyade" de estrategias de crecimiento, en las que la innovación (de distintos tipos, de producto, proceso, comercialización u organización), "fue una constante".

"La innovación es el motor de supervivencia de toda empresa", sostiene Josep Tàpies, titular de la Cátedra de Empresa Familiar del IESE Business School de la Universidad de Navarra en un texto titulado "Sin innovación no hay futuro".

Según un documento de Ernst & Young hay tres elementos claves que las empresas familiares tienen que compartir para poder llegar a ser consideradas innovadoras por excelencia. El primero es haber construido a todo nivel de su personal, una cultura emprendedora sin ningún temor a los cambios y con grandes deseos de sobresalir. En este estudio se habla del propio ADN de la organización que poseen como inigualable identidad.

El segundo, considerar todos los procesos de innovación no sólo como la capacidad de invención que puedan lograr sino como la forma de responder a los incesantes cambios del mercado. Es decir, en todo momento no dejar de buscar nuevas oportunidades, registrando al máximo las mismas y discutirlas a todo nivel.

El tercero es tener un compromiso con la Investigación y el Desarrollo a través de la inversión de tiempo y dinero.

E. Cambios de Paradigmas

Hace ya unos años cuando di en la OEA (Organización de Estados Americanos) una disertación sobre el Embajador y la Embajada del Futuro, me preguntaron algunos de los participantes, la mayoría embajadores miembros de esta organización internacional y representantes de varios países, cómo podía definir con ejemplos bien concretos, primero al "Futuro" que se avecina y en segundo lugar a ese embajador, en especial en su forma de interactuar en ese nuevo escenario en el que se debe presentar y que es objeto de variados cambios vertiginosos de los distintos paradigmas que no dejan de impactarlo.

Esto sucedió hace ya más de 30 años y en estos días exactamente cuando me dispongo a escribir este nuevo libro: Empresario y la Empresa Familiar del Futuro, puedo asegurar que no cambió mucho la explicación que se dio en ese entonces, con la que tengo que dar en estos días, solo debo aclarar que hoy todos esos cambios, van más de prisa de lo que creemos y aparecen también nuevos conceptos como la Innovación, la Internet, los Medios, los Teléfonos Inteligentes, el Metaverso, los tokens, Tecnología Blockchain y en especial lo que parece cambiarlo todo que es la Inteligencia Artificial, el advenimiento de los Chatbots, de los modelos denominados Generativos y Pre-entrenados, donde el ChatGPT es el que representa este nuevo desarrollo tecnológico que no deja de asombrar a nivel mundial.

Queda claro para mí, que son muy pocos los que podrían llegar a responder estas preguntas, y es cuando aclaré en ese entonces que ya sea el Embajador, un Cónsul o bien un empresario o ejecutivo del futuro, independiente donde se desarrollen sus actividades, debía tener cualidades, habilidades, aptitudes y gran entusiasmo que le permitiese afrontar cambios sin temores y ver a los mismos como un continuo desafío para poder actuar, planificar, medir, hacer seguimientos en base a planes predeterminados y apoyándose en una clara definición de la Visión, Misión y Objetivos de la organización en la que se desempeñen, en relación a las tendencias actuales de los mercados y conforme a las demandas de los usuarios, empleados, miembros de la familias, socios y en especial clientes.

Estos nuevos ejecutivos deben ahora estar muy bien enfocados en lo que es el Marketing Digital, es decir el mercadeo, la venta, el seguimiento y especialmente en la publicidad de los servicios y/o productos que se ofrezcan, además del uso de todas las herramientas digitales para tener presencia en Internet y todas las redes sociales.

Es importante acceder a todo lo que ofrece por ejemplo Google a las distintas empresas para que puedan llegar al mundo cibernético y de los negocios online de una forma clara y lo más importante, económica.

El empresario del futuro tiene que planear la forma de presentarse en la red, de darle importancia a la imagen corporativa, su marca, su logo, para estar en mejores condiciones de captar y atraer a distintos tipos de clientes, inversores, socios, empleados y en especial tratar de fidelizarlos como hace hoy en día AMAZON, tan exitosamente.

Tendrá que aprender a conjugar los distintos tipos de herramientas para realizar reuniones virtuales, Webinars y crear presentaciones online a través de YouTube Podcast, Autorrespondedores, videos, y apoyarse si es posible en un website 3.0. Ahora es clave saber hacer buenas presentaciones en cualquier reunión que participen teniendo en cuenta por ejemplo la ley "10, 20 y 30" de Guy Kawasaki que ayuda a los expositores a presentar mensajes bien claros y contundentes.

Me gusta mucho ese mensaje que dice: "Cómo presentas el servicio o productos que vendes es tan importante como lo que vendes". El gerente o empresario del futuro debe tener en cuenta que siempre hay que destacar su poder diferenciador en cualquier cosa que deban hacer, ya que este hecho está demostrado que es la mejor forma de competir con éxito.

Hoy queda claro que la capacidad de aprender a crear su propio futuro y el de sus organizaciones y todo su personal es la clave del éxito de los nuevos empresarios. Los ejecutivos que desean ser exitosos tienen que entender que la capacidad de ser realmente creativos pasa a ser uno de los atributos más destacados que deben tener muy en cuenta. Deben entender que significa trabajar con proyectos disruptivos en todo tipo de nuevas iniciativas.

Estos nuevos empresarios deben saber crear condiciones de trabajo con un destacado liderazgo para que todos se sientan felices de ser parte proactiva de estas empresas u organizaciones y logren crear un sentido de pertenencia en todas sus acciones y organizaciones donde desempeñen sus funciones.

F. La empresa Familiar del Futuro.
En el mundo IT la evolución de los distintos ejecutivos es una constante y la continua preparación de estos debe estar

presente en todos los planes, y de esa forma lo estarán las empresas ante el futuro y así estar en condiciones de garantizar que su transformación sea exitosa y constante a todo nivel.

Ante los cambios inmediatos a que se puede ver sometida una organización o empresa, se deben tener en cuenta las tendencias del mercado. Es fundamental que las empresas estén preparadas en los distintos escenarios que puedan presentarse, además de poseer la capacidad de adaptación ante las evoluciones de los diferentes cambios de paradigmas tecnológicos que puedan surgir.

En este contexto, las empresas se enfrentan a una serie de desafíos y cambios que requieren una preparación estratégica. La rapidez con la que la tecnología avanza, las demandas cambiantes de los consumidores y las nuevas tendencias del mercado plantean la pregunta acerca de si las empresas están realmente preparadas para el futuro.

G. Aspectos competitivos

Hoy en día el personal debe tener un claro nivel para facilitar la competencia y la adaptación para estar mejor preparados ante la variedad de cambios que vivimos, en especial los del mundo tecnológico.

Debe tenerse en cuenta la necesidad de una continua búsqueda de "Talentos" para integrarlos en forma permanente al equipo de trabajo. Ahora surge una necesidad para estas empresas y es la de sumar a sus plantillas, personal capacitado en áreas como Metaverso, Smart Documents, Tokenización, AI - Inteligencia Artificial, Aprendizaje Automático, uso de modelos generativos, blockchain, ciberseguridad y gestión de datos. No se debe descuidar la "Continuing Education".

Otra de las claves de estas empresas es lograr desarrollar una gran capacidad para estar en condiciones de adaptarse a la mayor cantidad de cambios que se producen en el mercado, también la volatilidad de estos.
Estas empresas deben desarrollar la capacidad de ajustar sus modelos de negocios perdiendo especialmente el temor

desmesurado a las continuas corrientes de cambios. El solo hecho de no estar en condiciones de adaptarse a la gran cantidad de cambios de paradigmas pone a las empresas en una situación que les puede originar una gran pérdida de competitividad.

H. Guía para preparar una empresa familiar.

Es bien conocido que aquellos empresarios que se resisten a aceptar los cambios y que permanecen de una forma u otra en forma estática, corren un gran riesgo de que sus empresas u organizaciones pierdan su posición en el mercado y lo peor que va a suceder, es llegar a que obtengan un nivel de obsolescencia muy difícil de cambiar.

Si tuviera que definir una guía para que no llegue a suceder esto tendría en cuenta los diez siguientes puntos:

1. Lograr una visión clara y una estrategia sólida y muy bien definida para la empresa. Crear un "Business Plan" estableciendo la Visión, Misión, Metas y Objetivos. Dentro de lo posible crear un "Action Plan" para el corto, mediano y largo plazo.

2. Fomentar una imagen de "Continuo Aprendizaje" dentro de la empresa en la que los que la integran a todo nivel se encuentren ansiosos por llegar a obtener nuevas habilidades y promover la formal Educación Continua.

3. Lograr la necesidad de Innovación Constante ya que la misma es la clave para mantenerse relevante en un entorno empresarial cambiante que estamos viviendo.

4. Hay que asegurar que se ponga siempre de manifiesto un enfoque en la tecnología. Actualmente las empresas están sacando provecho a las tecnologías digitales, logrando grandes mejoras en todos los sectores de la organización.

5. Crear manuales de operación para lograr en enfoque formal y único para el cumplimiento de todas las funciones y metas definidas.

6. Crear todos los protocolos necesarios que dejen claro los procedimientos para efectuar los cambios que se necesiten, especialmente aquellos que permitan llevar a cabo los

traspasos generacionales.

7. Promover la mejora operativa a todo nivel, para lograr que los procesos comerciales sean un ejemplo de excelencia.
8. Tener en cuenta la importancia de darle especial atención a la documentación de todas las operaciones de la empresa. Definir claros mecanismos de seguimiento para que se puedan medir los resultados a la luz de todo lo programado.
9. Familiarizarse con los nuevos mecanismos de tokenización y la tecnología Blockchain que se están haciendo muy populares en la mayor cantidad de empresas a todo nivel.
10. No descuidar el uso de la "AI" - Inteligencia Artificial para el apoyo a todo lo que tenga que ver con la Gestión de la Empresa y la comercialización de todos sus servicios y productos.

Como se puede apreciar, son variadas las cosas que hay que tener en cuenta para que tanto una empresa como todos sus ejecutivos queden listos para operar en este mundo exponencial y de continuo cambio que resulta para estar mejor preparados para el futuro.

Lo más importante es la necesidad de desarrollar un programa de capacitación y adopción de variadas tecnologías que tengan que ver en especial, con los procesos de transformación digital. En la medida en que el panorama empresarial evoluciona, existen ciertas habilidades que día a día se vuelven más importantes para garantizar el éxito a largo plazo.

Es muy importante tener en cuenta que en cualquier grupo empresarial interconectado todo lo que se relaciona con los trabajos en equipos y de redes colaborativas son realmente claves para lograr resultados bien exitosos.

No conviene descuidar las tendencias y las denominadas tecnologías emergentes dado que las mismas son las que determinan gran parte del escenario de negocios donde se van a desarrollar las operaciones.

Hay que remarcar la necesidad de lograr en toda la planta directiva las habilidades de gestión del tiempo y adaptabilidad a los cambios mencionados.

Al evaluar la preparación de la empresa se deben identificar las áreas en las que la organización se destaca, donde se puede apreciar un área de ventajas comparativas y las que necesitan mejorar, de esta manera el equipo comprende mejor los puntos fuertes y débiles de la empresa y de todo su personal en relación con la capacidad para enfrentar los desafíos a futuro.

El entorno empresarial actual se encuentra en constante evolución ya que todos los avances tecnológicos impulsan los cambios en las preferencias de los consumidores creando nuevas tendencias. Hay que tener en cuenta que las empresas deben estar preparadas para el cambio y poder aprovechar las oportunidades emergentes, esto ayuda a comprender cómo se ajusta la organización a los cambios, además ayuda a sus ejecutivos a prepararla para aprovechar las oportunidades que se puedan presentar.

El gran secreto hoy en día es estar en condiciones de aprovechar toda oportunidad que se presente en el mercado. Es clave estar en condiciones de evaluar a todo nivel las distintas capacidades de la empresa, obtener una medida de rendimiento, estando en condiciones de llegar a identificar procedimientos y áreas donde se podrían llevar a cabo mejoras sustanciales en términos de procesos y personal a todo nivel facilitando de esta forma los cambios que permitan realizar todas las mejoras posibles y a todo nivel.

"La base de cada Familia es la Virtud."
Confucio

Capítulo III
Gobernanza en la Oficina Familiar

A. Introducción

Cada vez que organizamos un evento para presentar temas de aspectos vinculados al mundo de las empresas familiares nos damos cuenta que la "Gobernanza" es uno de los que más llama la atención, en el que se demuestra más interés y presentan mayor cantidad de dudas y opiniones vinculados a las distintas posturas de los representantes de la mayoría de las generaciones que les toca interactuar hoy en día en la gestión de este tipo de empresas.

Es importante destacar que la gobernanza en empresas familiares está en evolución constante y su adopción puede variar incluso dentro de un país. Además, en la actualidad, muchas empresas en todo el mundo están reconociendo la importancia de la gobernanza como una herramienta para mejorar la gestión y la sostenibilidad a largo plazo, independientemente de su propiedad.

Queda muy claro en estos momentos de tantos cambios, e impactos de las convergencias de tecnologías que se suceden día a día, de gran competencia y asombrosa cantidad de datos, y que se percibe la incursión de variadas y nuevas tecnologías, para que una empresa familiar independiente de su tamaño funcione eficazmente a lo largo del tiempo, cada sistema integrado debe estar en condiciones de interactuar con los otros y apoyarlos, siempre con un claro enfoque y documentación. Además, las personas a todo nivel, que forman parte de cada uno de estos sistemas deben interiorizarse al máximo de las decisiones que les corresponden tomar y cuando se logra esta situación de verdadera interacción, gestión general, apoyo en todo el proceso decisorio, podemos asegurar sin dudas, que estamos frente a lo que es la gobernanza verdadera.

Una gobernanza sólida en el seno de las empresas familiares es una característica común y fundamental entre estas empresas que tratan de prosperar durante varias generaciones y en especial desear a todo nivel que perduren a través del tiempo. El enfoque de gobernanza de cada familia es único y se adapta a sus circunstancias individuales. Sin embargo, para todas las familias, el camino hacia un sistema de gobernanza que les funcione comienza con preguntarse qué busca lograr la familia y la empresa al formalizar la toma de decisiones. En el artículo que sigue, analizamos los componentes generales de la estructura de gobierno de una empresa familiar, proporcionando un marco a considerar para su propia familia.

B.   Algunas definiciones

Abundan las definiciones para todo lo que se relaciona con la gobernanza de empresas familiares. Es cierto que debería haber múltiples definiciones para dar cabida a la amplia gama de empresas familiares únicas que existen: grandes y pequeñas y de primera o quinta generación. En sus términos más simples, la gobernanza es un conjunto de procesos para todo lo que tenga que tomar decisiones más adecuadas. La gobernanza de las empresas familiares, entonces, se refiere a los procesos establecidos para gobernar las decisiones tomadas en torno a la familia, la empresa y la intersección entre ambas.

La 'gobernanza familiar' se refiere a las estructuras y procesos que las familias utilizan para organizarse y guiar su relación con su empresa.

Con frecuencia, la gobernanza está asociada con comités, políticas y procedimientos complejos, que pueden ser apropiados para familias y empresas familiares de cierto tamaño.

Sin embargo, en otros casos, la gobernanza de las empresas familiares es un proceso simplificado, disciplinado, bien estructurado y equilibrado y lo más importante muy bien documentado.

Las estructuras de gobernanza de las empresas familiares suelen servir a dos grupos muy bien definidos de interés: la propia familia y la empresa. Una estructura bien desarrollada, difundida e integrada permite lograr un marco muy efectivo para la gestión en general, la toma de decisiones y en especial todas las comunicaciones.

Un buen sistema de gobernanza y bien equilibrado es la clave del éxito para llegar a crear armonía que siempre se desea entre todas las partes de este tipo de empresas.

Desde la perspectiva de la familia, la gobernanza de su empresa es la clave para:

- Proporcionar un foro formal y bien estructurado para que se traten en forma organizada todos los asuntos rutinarios de la familia y las empresas familiares.

- Brindar el mejor nivel de transparencia en todas sus operaciones, el desempeño del personal a todo nivel, el mercadeo y lo más importante la estrategia a seguir.

- Comunicar sobre temas claves, tanto dentro del negocio como fuera de su alcance para darle más solidez a todas las acciones de mercadeo.

- Fomentar el desarrollo de nuevas ideas para la familia y su interacción con todos los negocios.

- Crear un foro de comunicación en la empresa, "canalizando" ideas de la familia a la empresa y viceversa.

- Proporcionar una voz constante de la familia para estar en condiciones de definir una clara misión, visión y en especial la estrategia a seguir. Esto es parte sustancial del "Business Plan" realizado, difundido o consensuado.

- Identificar y preparar talentos dentro de la familia y también fuera de la misma para puestos dentro de la empresa.

- Después de detallar todos estos datos presentados, no nos

cabe duda de que la implementación de un marco sólido de gobernanza permite que las empresas familiares logren una gran cantidad de beneficios, con la posibilidad de medir los mismos en base al uso de variados indicadores.

Uno de los más poderosos que conviene mencionar es la fortaleza que se logra en el proceso de toma de decisiones. Las decisiones que afectan materialmente al negocio (planificación de sucesión, mercadeo, seguimiento de acciones, definición de parámetros de medidas, cambios de propiedad, liquidez, etc.) deben tomarse dentro de los límites de un modelo de decisión que equilibre las aportaciones de todas las partes que intervienen.

Queda demostrado que cuando se logra implementar un verdadero, sólido y bien definido marco de gobernanza, se garantiza el hecho de que todas las decisiones se lleven a cabo de la forma ordenada, bien estructurada y con increíbles resultados.

Sin duda, cuando se logra poner en marcha un modelo perfectamente estructurado de gobernabilidad, se está a tan solo un paso de lograr excelentes resultados y el cumplimiento de todas las expectativas, entre ellas la de llegar a desempeñarse dentro de la empresa con una buena situación de continuidad en todos los procedimientos definidos y la transparencia deseada. Siempre se ha hablado de que la verdadera gobernanza dentro de las empresas familiares puede tomar diferentes matices afectada por una gran variedad de factores, tales como el tamaño de la familia, de la empresa y la misma cultura que han llegado a crear.

La Asamblea Familiar es uno de los órganos más difundidos y aplicados dentro del marco de gobernanza de una empresa familiar y se lo conoce como un organismo exclusivamente familiar destinado a reunirse en torno a cuestiones relacionadas con todos los detalles de la misma familia, todos los procesos que involucran decisiones, los aspectos vinculados a la propiedad y finalmente y lo más importante, sus propias operaciones.

Está demostrado que la responsabilidad que tienen los que forman esta asamblea, puede extenderse más allá de la empresa familiar y abarcar temas más centrados en el quehacer diario de la misma familia, como llegar a planificar premios, vacaciones, entretenimiento, donaciones y filantropía a realizar, y también en aspectos vinculados a la educación continua y la constante búsqueda de talentos para ayudar a la empresas de estar en condiciones de recibir la continua corriente de cambios.

Existen casos en que gran parte de los miembros de la familia dedican tiempo a aspectos vinculados con la empresa especialmente para aclarar a cada uno de ellos, sus derechos y responsabilidades y tratan de dejarlo muy bien documentado. En algunos casos varios miembros de la familia, especialmente los que representan las nuevas generaciones, se sienten más cómodos tratando temas específicos de la empresa, educando a sus compañeros que integran el grupo familiar, sobre todos los aspectos relacionados con las responsabilidades y derechos que les competen.

Lo ideal es que todos los miembros se sumen de una forma u otra al denominado "Consejo familiar", el que tiene que ver con todos los aspectos de la contratación de los recursos humanos, y la definición, ejecución y puesta en acción las políticas vinculadas al empleo familiar y búsqueda de talentos. Dado que con la escritura de este libro me comprometí a hablar o mejor dicho detallar algo tanto del empresario propiamente dicho como de la misma empresa del futuro, no puedo dejar de mencionar los desafíos que se enfrentan hoy en día vinculados con variados aspectos de la misma innovación, así como también las oportunidades que surgen en términos de gobernanza y de negocios en general.

Junto a la evolución de la dinámica empresarial resulta que se ponen muy de manifiesto los cambios generacionales y la complicación de las comunicaciones entre los representantes de los miembros de estas generaciones.

Los jóvenes usan otros lenguajes, otros idiomas muy técnicos, y con la ayuda de los más variados dispositivos, ellos han aprendido a trabajar y en especial a comunicarse también de una forma diferente.

Por ejemplo, los teléfonos celulares o inteligentes de hoy en día poseen una gran cantidad de sensores, que permiten llevar a cabo traducciones de los más variados idiomas, transformar palabras en textos y no todos los miembros de una de estas empresas los conocen, dando lugar esta situación la que complica en cierta medida a las comunicaciones entre todas las partes.

Durante los últimos 30 años los fabricantes de equipos se ocuparon de mejorar las formas de comunicarlos con la gente y ahora, ellos mismos se están ocupando de comunicar estos equipos con otros equipos, dando lugar en cierta medida a lograr nuevos escenarios de negocios.

Estos cambios impactan sin duda las prácticas de las de gobernanza para garantizar buenas comunicaciones, documentación de estas, la sostenibilidad y el éxito de todas las operaciones.

También estas empresas pueden experimentar una mayor profesionalización en todo lo que tenga que ver con la gestión propiamente dicha en cuanto a la toma de decisiones.
Como consecuencia de esta gran cantidad de cambios, de la reacción ante el advenimiento de los nuevos y variados procesos innovativos e iniciativas disruptivas que comienzan a aparecer en las empresas, surgen una serie en variadas oportunidades y la necesidad de comenzar a incorporar los denominados "Talentos externos" a la empresa con habilidades específicas y experiencia para en algunos casos hasta llegar a liderar la empresa y lograr que sea lo más competitiva posible.

Ya se habla en este ámbito de que las empresas familiares deberían invertir más en el desarrollo de liderazgo y búsqueda de talentos, tanto para los miembros de la familia como para los líderes no familiares. Esto puede incluir programas de capacitación en general, mentoría y en especial educación continua para preparar a la próxima generación.

Las empresas familiares pueden adoptar estructuras de gobierno corporativo más formales para garantizar una toma de decisiones eficiente y transparente. Esto podría incluir la creación de juntas directivas independientes, comités de auditoría y otros variados mecanismos que permitan y fortalezcan la supervisión y la rendición de cuentas.

Es importante tener presente que la planificación de la sucesión se transforma en una tarea de suma importancia dentro del accionar en las empresas familiares del futuro. Esto implica identificar y preparar a líderes sucesores, sus talentos o especialistas externos, establecer un proceso claro de transición y abordar posibles conflictos familiares desde el principio.

Al hablar de futuro, no se puede dejar de dar una atención especial a todas aquellas tecnologías emergentes para tratar de mejorar la eficiencia operativa a todo nivel dentro de las empresas y la toma de decisiones en ella.

Las empresas familiares del futuro pueden necesitar integrar sistemas avanzados, como inteligencia artificial, análisis de datos y herramientas digitales, en sus procesos empresariales y de gobernanza y estas tareas son las que van dándole forma y nivel a los nuevos empresarios, los que deben ahora desempeñarse en un escenario de crecimiento exponencial y nuevas formas de competencia.

Ahora, al enfrentar todos estos cambios que no dejan de impactar a todos los que integran estas empresas, se puede observar que la sostenibilidad y la responsabilidad social empresarial son los aspectos más destacados y relevantes que se suman a los procesos decisorios de este tipo de empresas. Un tema que no puedo dejar de destacar y brindar especial atención es que tanto el Empresario del Futuro como sus empresas, tendrán que entender que todos los aspectos de Gobernanza que deseen implementarse tendrán que estar dotados de una gran dosis de flexibilidad para aceptar los cambios motivados por la misma convergencia de tecnologías. Todos estos cambios que menciono ponen de manifiesto una clara necesidad de estar en condiciones de enfrentar un escenario de constante evolución para asegurar que se produzca una continuidad de estas empresas con el advenimiento de las nuevas generaciones.

Queda claro que todo lo relacionado con la transparencia en la comunicación, pasa a ser un tema de gran interés y obliga a los empresarios del futuro a poner de manifiesto sus valores en cuanto a la Visión y Misión de la empresa, los objetivos, metas esperadas a cumplir y decisiones que se deben tomar para lograr la confianza y apoyo de todos los que tengan algo que ver con la misma empresa.

El Consejo Familiar es el mecanismo de organización, planificación y control, que representa a los miembros de la familia propietaria y su función es discutir y tomar decisiones sobre temas relacionados con la propiedad y la familia, como, por ejemplo, aspectos de sucesión, de las políticas de empleo familiar y la distribución de dividendos, es decir todo aquello lo que hace a la gestión y toma de decisiones.

En cambio, el Consejo Administrativo es un órgano dedicado a la supervisión de la gestión de la empresa y toma decisiones estratégicas. Puede incluir miembros de la familia y no familiares, y se centra especialmente al éxito a largo plazo de la empresa.

Hay que tener muy claro, que los Protocolos Familiares son documentos que establecen las reglas y directrices para la gestión en general. Puede abordar temas como la entrada y salida de los miembros de la familia en la empresa, la sucesión, la distribución de beneficios y algo que hoy en día es un material clave para todo aquello que tenga que ver con la ágil resolución de conflictos.

Planificación de la Sucesión, podemos decir que es un componente por demás crítico de la gobernanza en empresas familiares que aborda la transición de liderazgo de una generación a otra. Hoy en día, donde es común ver a representantes de cinco generaciones, interactuar en una misma empresa familiar, requieren un esfuerzo especial para lograr acuerdos y buenos resultados, ya que en más de una ocasión se usan idiomas distintos. Esto implica identificar y preparar a los sucesores, establecer un proceso de transición y abordar posibles problemas de sucesión.

La profesionalización representa la introducción de muy buenas prácticas de alto nivel profesional en la gestión de la empresa, independientemente de la participación de la familia.

Esto puede incluir la contratación de profesionales externos, la implementación de sistemas de gestión y la adopción de nuevos estándares de la industria, muy cambiantes debido a los mismos cambios de la tecnología.

La implementación exitosa de la gobernanza en empresas familiares puede ayudar a prevenir una gran variedad de conflictos, mejorar los procesos de la toma de decisiones, garantizar la continuidad facilitando los cambios generacionales y el éxito a largo plazo de la empresa.

La implementación de todos estos principios puede variar según la cultura empresarial que se haya logrado y la dinámica que cada una de las empresas familiares y sus directivos tengan.

La aplicación y adopción de prácticas de gobernanza en empresas familiares pueden variar según la cultura empresarial, los países, la región y otros factores. Sin embargo, hay países donde la gobernanza en empresas familiares ha ganado una mayor prominencia y se ha convertido en una parte integral de la gestión empresarial. Algunos de los países donde se ha observado una mayor conciencia y aplicación de la gobernanza en empresas familiares son los siguientes:

Estados Unidos: La gobernanza en este país es una práctica común donde gran cantidad de las empresas en especial las más grandes, como es el caso de Walmart y Ford, son de propiedad familiar. Los tradicionales consejos de administración independientes los protocolos familiares y procesos de sucesión estructurados son también muy frecuentes.

Alemania: Las empresas familiares tienen una presencia significativa en la economía de este país. Muchas de estas empresas han implementado estructuras de gobierno que combinan la participación de la familia propietaria con la incorporación de directores externos en los consejos de administración.

Suiza: Al igual que en Alemania, este país cuenta con una cantidad considerable de empresas familiares. La gobernanza en estas empresas a menudo implica la inclusión de miembros no familiares en la alta dirección y la adopción de buenas prácticas de gobierno corporativo. Las empresas familiares en Suecia también han adoptado prácticas avanzadas de gobernanza, con un enfoque en la transparencia, la profesionalización y la participación de directores independientes en los consejos de administración.

Japón: es un caso muy especial dado el respeto que existe en la familia, donde la edad parece ser un derecho. La cultura empresarial en Japón ha sido históricamente diferente en comparación con Occidente, algunas empresas familiares japonesas han comenzado a adoptar prácticas de gobernanza, especialmente en el contexto de la sucesión y la gestión profesionalizada.

Es uno de los lugares donde se presentan menos conflictos por los cambios generacionales, especialmente por el respeto que existe hacia los mayores.

Tuve la suerte durante mi estadía en la Ciudad de Nagoya de este país, mientras organizaba la reunión anual del BID (Banco Interamericano de Desarrollo), al final de la década de los 80, de hacer una pequeña pasantía en la TOYOTA, para estudiar y entender un exitoso modelo de una de las más afamadas empresas familiares y ejemplo de modelo disruptivo de organización y método. Una de las mejores experiencias de mi vida para entender el camino para lograr éxito de una empresa y que sigue mejorando día a día.

C. Gobernanza y los tradicionales círculos de Davis

Cuando comencé a hablar en este capítulo de la gobernanza y en especial de gobierno familiar, traté a través del uso de algunos ejemplos, poner de manifiesto que me estaba refiriendo a las estructuras y procesos que los miembros de las empresas familiares ponían en práctica con gran normalidad y lamentablemente de una forma no muy bien documentada.

Es interesante seguir muy de cerca todo lo que se ha investigado desde el año 1994 cuando el Family Business Consulting Group comenzó sus operaciones con una orientación especial para llegar a proteger la integridad de las familias, sus patrimonios y sus empresas para las futuras generaciones que con el tiempo comienzan a integrarse a ellas con la idea de ayudar a que se siga logrando un gran grado de excelencia.

En las empresas familiares se habla siempre de las tres fases básicas que las definen y que son: El arranque con sus primeros pasos e incursión en los diferentes mercados con una imagen corporativa bien definida que ayuda a presentar sus productos y servicios, en segundo lugar su crecimiento y clara expansión en condiciones formalizadas y lo más difícil de lograr, es decir su madurez siempre teniendo en cuenta que una empresa familiar es aquella en la que una o más familias ejercen el control de la propiedad, el gobierno de la misma y lo más importante participando también en su gestión y tratando de documentar al máximo todas sus acciones para enfatizar sus éxitos.

Como ya lo he mencionado, con riesgo de pecar un poco repetitivo, enfatizo que las empresas familiares para cumplir con todas sus expectativas de todos sus miembros y en especial sus objetivos a veces no muy bien definidos, se caracterizan por una estructura organizativa específica debido a que hay miembros de estas familias implicados en la empresa y en los determinados objetivos que la familia propietaria persigue.

Desde los primeros pasos que dimos en nuestro "CEFF" (Centros de empresas Familiares del Futuro) y con un maravilloso grupo de apoyo, nos dedicamos con gran intensidad a través de la organización de concurridos eventos y en especial el desarrollo del Congreso Hemisférico de CAMACOL (Cámara Latinoamericana de Comercio y Servicios) que normalmente agrupa más de 30 países que participan en forma ininterrumpida hace ya hace 45 años, a este tema de las empresas familiares.

En el Congreso Nro. 44 llevado a cabo en el año 2023, tuvimos varios paneles y uno fue definido para hablar específicamente de Empresas Familiares, su futuro, los cambios que deben afrontar a diario, y en especial el tema de Gobernabilidad que fue presentado por el Dr. Salvatore Tomaselli, profesor de la universidad de Palermo, en Italia. que me tocó no solo introducir, sino también moderar.

Seguidamente se organizaron concurridas reuniones dentro del desarrollo de las "Rondas de Negocios", y este expositor fue uno de los más activos y el que atrajo mayor cantidad de participantes, ya que surgieron preguntas y presentación de variados casos de éxito sobre la aplicación de distintas tecnologías que comienzan a difundirse.

Este es uno de los temas que ocupa también un lugar de preferencia en la Misión Comercial 5.0, que se organiza en el magnífico auditórium de la CAC, Cámara Argentina de Comercio y Servicios, con su presidente Mario Grinman a la cabeza y quien siempre nos apoya, junto a todo su equipo. En este tipo de reuniones, participan normalmente más de 300 invitados especiales acompañados por un excelente plantel de expositores y panelistas, pero con un gran enfoque a presentar temas que giran en torno a la tecnología y los retos que se presentan a diario para los responsables de tomar decisiones y asegurar el éxito de estas empresas.

Cuando se presentaron los tradicionales tres círculos Familia, Propiedad y Negocio apoyándose en los clásicos diagramas de VENN, se colocan en cada uno de ellos, miembros de la familia en su sector bien definido de este diagrama, y al lado de cada uno de sus nombres se detallan normalmente todos sus intereses y sus funciones. El diagrama ayuda a aclarar los roles, las perspectivas, y los problemas que se puedan presentar.

Estos tres círculos que tienen su origen en la Universidad de Harvard en el año 1978, que hoy en día no cabe duda de que marcaron el escenario de discusión de variados aspectos sobre las empresas familiares y su impacto en la sociedad.

Estos círculos fueron creados por el Dr. Renato Tagiuri, profesor de esta universidad de Harvard y John Davis quien en ese entonces fue su alumno cursando un doctorado en estos temas en esa universidad.

Prácticamente desde ahí, o sea ya hace más de 45 años, nadie deja de nombrar estos círculos, a sus creadores y la forma como se fueron sumando más círculos al primero que era simplemente el de la Familia.

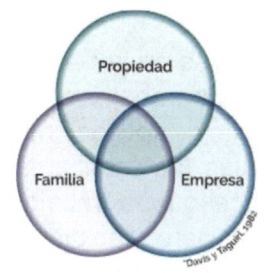

Cuando yo comencé a trabajar en IBM como Ing. de Sistemas, unos años antes de esa fecha, mis primeros proyectos estaban muy relacionados con advenimiento de este tipo de empresas a los procesos de sistematización. Me transformé sin darme cuenta, en consultor y asesor de estas empresas y en especial de sus empresarios para ayudarlos a incursionar en todos estos nuevos procesos y preparar a los empresarios, para que pudiesen aceptar todos los cambios que surgían en esos tiempos, en especial en cuanto a la adopción de nuevas tecnologías.

Al estar en contacto con empresas de distintos tamaños y con mi remarcada tendencia y gusto a los procesos de sistematización, digitalización y la toma de decisión, sin querer, di mis primeros pasos formales en todo lo relacionado a lo que significa la "Gobernanza" y su aplicación en Empresas Familiares.

Tanto en IBM Argentina como posteriormente en IBM Ecuador, me seguí transformando en un entusiasta estudiante e investigador de todos los aspectos que hacían a la creación, organización y desarrollo de este tipo de empresas y en especial su relación con los representantes de distintas generaciones.

Al ser expositor de gran cantidad de eventos sobre todos estos temas, en toda Latinoamérica y especialmente en España, Japón y China, se me abrieron las puertas en Ecuador, para comenzar mi vida internacional, al recibir un pedido especial del Embajador, Dr. Alejandro Orfila, secretario general de la OEA - Organización de los Estados Americanos, para ayudarlos como especialista en todos estos temas de avanzada, para que se convierta en un centro de capacitación de innovación y tecnología en relación con empresas familiares.

Mi primera posición en este organismo fue la de manejar el Centro de Educación y el proyecto de sistematización de éste y de todos sus miembros y visitar a los mismos para estar en contacto con sus oficinas y empresas seleccionadas.

Para esa época completé un Máster en Ciencias en la George Washington University y tuve la oportunidad de trabajar en su centro de Inteligencia Artificial con el desarrollo de aplicaciones para distintos tipos de empresas, entre ellas las familiares. Dada la ausencia de buena velocidad de acceso para trabajos online, los resultados no fueron los esperados, pero si se dieron pasos sólidos para fijar las bases de futuras aplicaciones.

Tanto en mi estadía en la GWU como en la Sociedad Mundial del Futuro (World Future Society) donde me desempeñe como director para Iberoamérica, compartiendo reuniones de trabajo con Peter Senge y Alvin Toffler, dos increíbles escritores, fue cuando se produjeron mis primeros contactos con los tres círculos creados de Tagiuri y Davis.

Un nuevo paso de nivel internacional, di, al asumir la Dirección para Iberoamérica de la Internet Society, en el área de Reston, trabajando muy de cerca del Dr. Vinton Cerf, su presidente, creador y uno de los artífices de la misma Internet. Juntos comenzamos a hacer presentaciones sobre la importancia de usufructuar las facilidades que esta nueva red comenzaba a brindar a todo tipo de organizaciones y especialmente a empresas familiares, las que ya ocupaban un gran porcentaje del total de empresas a nivel mundial.

En los últimos años y dedicándome mucho más a escribir libros, variados artículos y White Papers, puse más énfasis tanto en Proyectos Disruptivos, como los de Inteligencia Artificial, Blockchain y todos los aspectos que giraban en torno a la tokenización, todos estos conceptos aplicados a las Empresas Familiares, organizando varias reuniones tanto locales como regionales e internacionales para permitir preparar a sus empresarios a perder ese temor al cambio y estar mejor preparados para recibirlos y aplicarlos a sus respectivas empresas.

Con tres libros; Realidad Aumentada, Metaverso y 2084 (Una visita al Mundo AI) se llevó a cabo una nueva incursión algo agresiva al mundo de las empresas familiares y es ahí donde me animé agregar a los tres tradicionales círculos de Tagiuri-Davis, un cuarto que tenía que ver con todo lo que significaba Innovación, Proyectos Disruptivos, Aplicaciones de nuevas tecnologías (Blockchain, AI, IoT, VR, RA y Web 3.0, PropTech, Smart Signature y otras).

D.   Los cuatro círculos
A continuación, se presenta una nueva imagen y no dudo que la misma tendrá un gran impacto en todo lo que tenga que ver con el "Empresario y Empresa Familiar del Futuro".

Este libro que están leyendo y que me alegra mucho haber logrado el interés de ustedes para que esto suceda, es precisamente en el que se encuadran muchos de estos conceptos, para ser tratados sistemáticamente como se fueron adicionando los círculos tan difundidos, con un lenguaje simple, ameno y con ejemplos muy motivadores para que "NO" pierdan la oportunidad de sumarse a todos estos nuevos adelantos.

Aunque con este cuarto círculo que me he animado a agregar, lo que quise indicar es que este proceso de innovación que se encierra dentro del cuarto círculo impacta a los tres anteriores de una forma clara y cada día con mayor intensidad, o sea a la

Familia, la Propiedad y los Negocios.

Cuando puse a prueba con un grupo de excelentes profesionales y participantes del II Congreso de Empresas Familiares organizado por ILAEF realizado a fines del mes de noviembre del 2023, hubo un total acuerdo que este nuevo círculo representaba un gran aporte para llegar a entender que es lo que sucede con este tipo de empresas y sus empresarios, a través del tiempo y como va a resultar siempre mejor tener una posición receptiva para tratar de aprovechar todos los cambios de paradigmas que no dejan de aparecer e impactar los más variados sectores de cualquier tipo de industria con las que tenemos que convivir.

Una de mis primeras presentaciones de esta idea fue dada al Dr. Sergio Parra y a la Dra. Natalia Nicholson, ambos especialistas en empresa familiar, y me alegré mucho de que ellos hayan visto a esta iniciativa como un gran aporte para todos aquellos que integran este mundo tan cambiante de las empresas familiares, lleno de desafíos y lo vieron como un gran aporte al tema de innovación y tecnología en general.

Ahora con la tecnología de Blockchain se puede transformar los tradicionales documentos en los denominados Smart Contracts y esto les permite a los integrantes de las empresas familiares llegar a tener un mejor control de todos los datos que giran en torno de esta.

En todos estos círculos, el empresario juega un rol muy especial y todos necesitan algo de este nuevo agregado para comunicarse mejor, tomar mejores decisiones y sentirse apoyados para la concreción de sus objetivos.

En estos días, todos los procesos giran en torno al BIG DATA y con las nuevas herramientas se puede controlar mejor la gran variedad de información que se mueve entre los tres primeros círculos y que permiten llegar a tomar mejores decisiones y dar cumplimiento tanto a la Visión como a la Misión que forman parte del plan definido.

Hoy se afirma que más del 45% de empresas familiares ya incursionan en torno a nuevas tecnologías especialmente la de Inteligencia Artificial. Cuando mencionamos las 10 empresas familiares más grandes a nivel mundial, comentamos que todas están incursionando en estas nuevas tecnologías y en especial Walmart, que es la número 1 y una de las que más usa AI en sus aplicaciones y gobernanza en general no dejan de crecer y generar increíbles ganancias por sus dueños y fundadores.

Lo interesante del uso de este cuarto círculo, es que el mismo parece ser una invitación a fijar claros objetivos, a usar indicadores de performance (KPI) para apreciar el movimiento de la empresa y asegurarse que se siga el camino deseado. Esto implica prestar una especial atención para motivar a los empresarios a confeccionar detallados planes de negocios con claras definiciones donde se pongan de manifiesto todos los pasos a dar para moverse en el corto, mediano y largo plazo.

E.   Algunas entrevistas realizadas

Durante algunos de los eventos realizados como por ejemplo misiones comerciales a distintos países, el desarrollo del Congreso Hemisférico de CAMACOL que se realiza todos los años y el II Congreso de Empresas Familiares de ILAEF, nos permitimos llevar a cabo una gran variedad de entrevistas para tratar de obtener el sentir de los organizadores, expositores, moderadores y en especial participantes en cuanto al uso de nuevas tecnologías, el de los proyectos disruptivos y muy especialmente sobre varios aspectos vinculados al temario de este nuevo libro y todos lo vieron con gran entusiasmo y lo más importante, con gran deseo de participar con especial sentido de colaborar y ser parte proactiva de esta aventura literaria.

Esa colaboración se vio reflejada en la gran cantidad de mensajes y comentarios que recibimos para ser incorporados en el Capítulo XII, donde insertamos notas y entrevistas de estos profesionales seleccionados y le dimos prioridad e incorporamos solamente las primeras recibidas y demás está decir que agradecí a todos el esfuerzo puesto de manifiesto y terminamos usando todo ese material recibido en varias de nuestras reuniones y eventos.

Los temas preparados por los especialistas invitados que iban a ser incluidos en el libro debían estar relacionados con cualquiera de los capítulos que he definido y fue increíble el grado de interés puesto de manifiesto por todos a sumarse a esta iniciativa y las notas enviadas.

Al presentar algunos casos de éxitos, no puedo dejar de nombrar a Walmart, nada más y nada menos que la Empresa Familiar americana más grande del mundo y también una de las más exitosas.

Fue fundada por la familia Walton y se convirtió en una empresa pública en 1970. Sin embargo, la influencia de la familia Walton ha sido significativa en el desarrollo y éxito de Walmart, pero en estos días ya se puede decir que no es más una empresa familiar en el sentido tradicional.

Los principales factores clave que han contribuido a su éxito son los siguientes:

Definido como un modelo disruptivo y algo muy diferente a lo que hacía la competencia.

Su fundador estudió exhaustivamente las condiciones del mercado y de la competencia y decidió hacer algo diferente, algo llamativo algo conocido hoy en día como disruptivo.

Han mantenido siempre una estrategia de ofrecer productos a precios bajos, lo que ha atraído a un gran número de clientes. Este enfoque se basa en la eficiencia operativa y la capacidad de negociación de la empresa con los proveedores.

Según algunos comentarios de su CEO, Sam Walton, quien fue conocido por reconocer que el éxito del negocio dependía de los asociados y por compartir información con ellos para alcanzar los objetivos de la compañía. Siempre actuó de forma íntegra y fundó Walmart con una sólida base de valores que siguen vigentes.

Los tradicionales círculos de Davis, siempre le resultaron de gran utilidad, para mejorar todas sus comunicaciones. Los tres pilares que se difundían entre todos los que se fueron sumando a esta empresa, fueron lo de total respecto a la familia y las pautas fijadas en los planes sin separarse ni un milímetro de la Visión y Misión establecida, nunca dejar un problema presentado sin buscar una solución adecuada y finalmente, lo más importante para Walmart son sus clientes. Toda persona que visita Walmart debía quedar muy motivado para volver.

Su más importante secreto para lograr tanto éxito fue el de lograr siempre bajos precios en todos sus productos y servicios. Siempre sus creadores han puesto énfasis en la eficiencia operativa y la logística. La empresa utiliza tecnología avanzada para gestionar su cadena de suministro y minimizar los costos operativos.

Globalización o expansión Internacional, buscando constantemente oportunidades de crecimiento a nivel internacional. Esta expansión ha contribuido al aumento de sus ingresos y presencia en mercados emergentes.

Walmart ha ampliado su oferta más allá de la venta minorista tradicional incluyendo siempre una increíble variedad de productos, incluyendo comestibles, productos electrónicos, ropa, todo tipo de alimentos, productos y además variados servicios financieros como farmacéuticos.

Su secreto fue el de siempre innovar y rodearse de los mejores especialistas. Siempre aseguraron que el contar con los mejores talentos era la clave para un crecimiento constante, ordenado y exitoso. Darles prioridad a sus planes de negocios, incluyendo en el mismo las tecnologías avanzadas para mejorar sus operaciones, desde la gestión de inventarios hasta la experiencia del cliente en línea. La innovación tecnológica ha ayudado a la empresa a mantenerse relevante en un entorno minorista en un constante cambio.

La cultura empresarial de esta empresa ha enfatizado la importancia de la satisfacción del cliente y la eficiencia. Además, la empresa ha mantenido una fuerte cultura de ahorro, reflejada en su lema "Siempre precios bajos" y gran facilidad de circulación y rapidez en el pago.

Ha demostrado siempre su capacidad de adaptarse a los continuos cambios del mercado y lo más importante a las preferencias del consumidor. Ha incursionado en el comercio electrónico y ha realizado inversiones estratégicas para seguir siendo competitivo en un entorno minorista en constante cambio.

Al entrevistar a algunos de sus directivos, pude advertir de que, como parte de la gobernanza, hacen un esfuerzo especial para tener una medida del éxito. El uso de los KPI (Key Performance Indicators) son muy comunes y como decía Walton su fundador, si no mide no puedo gerenciar con éxito. La documentación es la parte clave, para tener en todo momento un control de todas las operaciones.

Si bien la familia Walton ya no controla directamente la empresa, su legado y filosofía de negocio han influido en gran medida en la evolución y el éxito continuo de Walmart. Ellos durante mucho tiempo hicieron culto a tener presente en todo momento dentro de su filosofía de bienestar cuatro pilares muy bien definidos: **FAMILIA, SALUD, EMOCIONES Y FINANZAS.**

En Walmart de México y Centroamérica ellos ponen siempre a sus asociados en el centro de sus decisiones, por lo que se ha evolucionado su concepto de Bienestar, convirtiéndolo en una prioridad de su estrategia de negocio a través de una clara definición y un buen "Action Plan".

Cuando entrevistamos a Gerardo Cea, fundador y propietario de Prima Pasta uno de los restaurantes más populares ubicado en el área de Miami, con casi 33 años de vida, podemos decir que es un caso de gran éxito en el mundo de las "Empresas Familiares" y de una misma familia con gran sentido de intercambios de experiencia, de calidad de servicio, de tecnología y de preparar los platos reconocidos por su gran cantidad de asiduos concurrentes, como los más exquisitos, que se sirven en un escenario sumamente acogedor, elegante y con increíble calidad y bondad de todo su personal.

Al lado de Gerardo se encuentran sus hermanos Marcela y Fabian, miembros de una misma generación que han estados juntos desde un principio y todos de alguna manera, estuvieron presentes cuando dieron sus primeros pasos hace más de 33 años, en un lugar muy reducido.

Marcela es una afamada doctora que tiene su clínica en Argentina donde ella vive y atiende, siempre se encuentra muy atenta a seguir de cerca lo que pasa en su restaurante para discutir modelos de acción, cambios, ajustes al menú, ampliaciones y afinar todos los aspectos que hacen a la Gobernanza de este. Arturo Cea, padre y también fundador, se transformó en uno de los Chefs más afamados de Miami, varias veces reconocido y premiado gracias a sus increíbles platos que ayudaron a darle popularidad y gran fama a este restaurante.

Carla, madre de Gerardo se encargó de preparar una gran variedad de panes que le dieron al lugar otro de sus grandes atractivos. Siempre que está presente, disfrutando algunos de los platos creados por ella misma, se convierte en una atracción de la noche, por sus modelos y por la forma de saludar a los clientes que no dejan de acercarse a su mesa y por más de 500 fotos de reconocidas personalidades que han visitado este lugar.

También Diego Torres y Juan José Campanela, con su permanente presencia en una mesa ya asignada para ellos, no dejan de dar un especial atractivo a los comensales, muchos de los cuales siempre esperan encontrarse con reconocidas personalidades, especialmente con Leo Messi quien cuando festejó su cumpleaños en uno de los salones especiales, marcó una nueva etapa a la popularidad de Prima Pasta, donde figura en una pantalla ya hace meses la imagen del equipo Argentino ganador de la Copa del Mundo en Qatar, con el mismo Messi en la imagen central.

Prima Pasta hoy en día, es un punto de encuentro en Miami y todo el que visita este restaurante, ve que es un lugar, un destino que no puede dejar de visitar.

Aquí vemos parte de la familia Cea, que son precisamente los que juntos, representan la clave del éxito ya mencionado. Ellos han logrado después de muchos años de esfuerzo, que todos sus empleados, hasta su gerente, el chef, todos los meseros y su bar tender se sientan un poco parte proactiva de esta familia y no

A su lado se encuentra Messi, Gerardo Cea y Jorge Messi, su padre.

Es interesante apreciar según lo comentado por, Gerardo Cea, el hecho de que gran cantidad de los personajes que más gravitan según la lista publicada por Noticias y preparada por el Periodista Político Carlos Claa, son varios los que han disfrutado las delicias de este restaurante. Entre ellos Lanata Emmanuel Ginobili, Guillermo Francella, Mirtha Legrand, Diego Maradona y varios expresidentes argentinos entre ellos Mauricio Macri y Carlos Menen.

Solo Leonel Messi y Antonella Roccuzzo, con 540 millones de seguidores en Instagram, más las noticias de reconocidos medios que publican noticias que llegan a gran cantidad de países le dan a Prima Pasta una gran visibilidad a nivel mundial. También entrevistamos al presidente de CAMACOL Joe Chi, al Ing. Patricio Sepulveda, presidente de FEBICHAM, al presidente de la CAC Cámara Argentina de Comercio, a Marcelo Bottini, quien maneja la oficina de Aerolíneas Argentinas en los Estados Unidos y Canadá, a Norberto Spangaro presidente de Mia Argentina, a Mario Golab Presidente de una de los estudios más afamados de Marcas, a Patricia Arias, Directora Ejecutiva de CAMACOL y otros tantos que no dejan de sorprenderse por lo logrado por esta familia y su iniciativa.

Ya hace más de 20 años que un gran número de golfistas argentinos que viven en Mar del Plata, que visitan Miami son atendidos personalmente por Carla y Gerardo Cea, liderados por Carlos Melara, y el suscrito quien los invita a jugar a las instalaciones de TRUMP Doral, para disfrutar los magníficos campos del área, usan a Prima Pasta, tradicionalmente para la entrega de premios y dar el cierre su gira anual.

Finaer S.A
Garantías para Alquilar

Una Empresa Familiar muy exitosa que no deja de crecer

Nota preparada por Oscar Lema, Fundador de esta gran iniciativa

Existe una creencia generalizada, acerca de las Empresas Familiares, sobre todo las exitosas como las que tratamos en este capítulo, en la que se imagina a un iniciador, visionario, de la generación original, muy trabajador y que con gran esfuerzo hizo crecer una empresa desde su origen de primer día hasta lograr un crecimiento y un comienzo de lo que llamamos exitosa. Mientras tanto, las generaciones que le siguen, viven holgadamente gracias a este éxito, no se forman en la disciplina del esfuerzo y la austeridad y cuando acceden a los lugares de decisión, llevan a la empresa por mal camino, hasta incluso a su ruina.

El caso de Finaer S.A, -garantías para Alquilar- radicada en Buenos Aires, Argentina no ha sido así, o podemos decir que ha sido así sólo por la mitad. Ha habido si, un fundador, Oscar Lema (padre) visionario, que ha comenzado desde una oficina muy pequeña y sólo dos personas (el fundador y otra) y con un objetivo puesto en el día a día sin grandes proyectos de crecimiento.

La "visión" de este fundador, fue simplemente haber detectado una necesidad en el mercado de alquileres de Argentina, por cuanto se les pedía a los inquilinos que garanticen el contrato con una propiedad de un familiar, requisito que muchas veces no alcanzaban a cumplir con las complicaciones que esto acarreaba. Esta simple observación y su correspondiente solución, a través de la implementación de una fianza extendida por una empresa comercial, que asuma las obligaciones de pago del inquilino si es que éste incumple, fue la base desde la que se construyó Finaer y la dimensión que hoy tiene.

Si bien el trabajo de aceptación de la fianza, a través de la concientización del profesional inmobiliario y del propietario en definitiva fue un trabajo muy arduo, por aquello de aferrarse a lo conocido o más bien resistir a los cambios que son estructurales, una vez que algunos de los pequeños, mediamos y grandes players del mercado empezaron a aceptar este cambio, el crecimiento del sistema fue explosivo, justamente porque se trataba de una solución, la cual, una vez aplicada, beneficiaba por igual a las tres partes involucradas en el contrato de alquiler, sean estos inquilinos, propietarios e inmobiliarios.

Esta explosión en la aceptación del sistema fue aprovechado en su totalidad por la dirección de Finaer, siendo que en esa época comenzaron a instalarse de a una las quince sucursales, con el sencillo concepto de "estar cerca del cliente" y que no tengan que atravesar una gran metrópoli a los simples efectos de contratar una garantía y con las sucursales también se incorporaron los colaboradores, llegando a ser ciento cincuenta contando todas las funciones incluso las comerciales.

Atencion Y Satisfaccion Del Cliente
Un Principio Fundamental

El principio fundamental sobre el que se basó el accionar de Finaer en todos sus estados de crecimiento fue la excelencia en la Atención al Cliente. Esto que se repite hasta el hartazgo en todas las empresas que expresan su preocupación por la atención al cliente, en Finaer fue el factor determinante (otro factor determinante) del crecimiento y el éxito de la empresa, Cuando en Finaer decimos cliente, nos referimos a los tres tipos de clientes que tenemos: El inquilino, que a partir de obtener su garantía con elementos de calificación propios- sin molestar a terceros- el propietario que se garantiza con una herramienta eficiente que responde a primer requerimiento y por supuesto, el profesional inmobiliario que agiliza sus negocios de alquiler a través de estas seguridades y conformidad de sus clientes. La atención y satisfacción de estos tres tipos de clientes fue lo que nos distinguió en el tiempo y aún hoy lo sigue haciendo, porque nos preocupamos por cada detalle de la contratación y la respuesta inmediata ante el menor incumplimiento de contrato, llegando al extremo que algunas inmobiliarias exigen y sólo aceptan Finaer para garantizar sus contratos.

La Siguiente Generación

En Enero de 2018, se incorporó a la empresa Diego Lema, hijo de Oscar Lema que asumió como Director General de la Empresa. Hubo un pequeño período inicial de dudas e incertidumbre, por lo mencionado al principio de este informe y que trae aparejado todo cambio de Dirección de una Empresa.

Muy rápidamente los cuadros gerenciales e inmediatamente el resto de la organización, apreciaron que el cambio era muy favorable y positivo.

Partiendo de lo ya descripto en cuanto al crecimiento de Finaer, su liderazgo de mercado, la aceptación que tenía entre propietarios e inmobiliarias, se comenzaron a implementar cambios, todos muy positivos y que cambiaron definitivamente, para mejor, los resultados de la empresa.

A saber:
- Incorporación de tecnología en muchos de los procesos tanto de canales de comunicación, administrativos, firmas digitales, canales de y fundamentalmente en sistema.
- Capacitación en todos los niveles del personal, sobre todo en Políticas de Satisfacción del Cliente.
- Capacitación de las inmobiliarias, para conocer el alcance exacto de nuestros servicios.
- Sistema de incentivo y formación del personal.

Lo que se mantuvo es el principio de excelencia en la Atención y Satisfacción del cliente, por cuanto entendemos que la tecnología y la atención personalizada no tienen que ser conceptos opuestos sino complementarios y el cliente, que utiliza la tecnología y se sirve de ella para su rapidez y comodidad, le encanta ser atendido personalmente, que se escuche su caso particular, sobre todo en una situación de cierta vulnerabilidad como puede ser la búsqueda y resolución de un contrato de alquiler de vivienda

El Desembarco En España

Una vez consolidados como empresa líder de garantías en el mercado Argentino, en Diciembre de 2021, desembarcamos en España, con una sede Central en Madrid y una sub sede en Barcelona. La propuesta fue muy bien aceptada en España, que hasta el momento tenía una cobertura del riesgo sólo por compañías de seguros que daban un servicio muy ineficiente y con ninguna atención personalizada. Otra vez, esta vez en España, aquel concepto central y fundamental de Finaer referido a la excelencia en la atención al cliente se convirtió en un proceso exitoso. Hoy tenemos sedes, además de las mencionadas, en Valencia, Alicante, Murcia, Sevilla y Galicia.

A su vez y como una consecuencia del desarrollo de vínculos comerciales en España, nació Nash 21. Que es un sistema de Adelanto de Rentas, mediante el cual, los propietarios suben sus contratos de alquiler a una plataforma de tokenización y los distintos inversores lo van comprando con una interesante renta financiera. El sistema es un gran éxito, aunque de alguna lentitud de difusión, pero de a poco va tomando volúmenes interesantes.

El Futuro

Ya consolidada la Dirección de la Empresa en la generación siguiente a la inicial, y con los conceptos fundamentales de incorporación permanente de tecnología pero sin dejar la excelencia en la Atención al Cliente, los pasos siguientes serán llevar estos principios, que ya sabemos exitosos, a otras regiones del mundo, en principio mercados de Latam, sobre los cuales estamos haciendo las primeras investigaciones de mercado y análisis jurídicos.

Parte de nuestras operaciones en España están a cargo de **Nicolas Barilari Plana**, 1er. CEO – Finaer – Founder Nash21 - CEOMBA IESE Business School, Mg es Blockchain, Licenciado en Finanzas por la Atlantic International University, Cofundador de varias empresas en LATAM & UE, entre ellas Routab, Fideco, Criptokuántica, Nash21, & Finaer.

*"No temas avanzar lentamente,
teme quedarte quieto."*
Proverbio Chino

Capítulo IV

La AI llega a Empresas Familiares

A.   Primeros cambios

Cada vez que organizamos un evento para presentar temas de aspectos vinculados al mundo de las empresas familiares nos damos cuenta que la "Gobernanza" es uno de los que más llama la atención, en el que se demuestra más interés y presentan mayor cantidad de dudas y opiniones vinculados a las distintas posturas de los representantes de la mayoría de las generaciones que les toca interactuar hoy en día en la gestión de este tipo de empresas.

Es importante destacar que la gobernanza en empresas familiares está en evolución constante y su adopción puede variar incluso dentro de un país. Además, en la actualidad, muchas empresas en todo el mundo están reconociendo la importancia de la gobernanza como una herramienta para mejorar la gestión y la sostenibilidad a largo plazo, independientemente de su propiedad.

Queda muy claro en estos momentos de tantos cambios, e impactos de las convergencias de tecnologías que se suceden día a día, de gran competencia y asombrosa cantidad de datos, y que se percibe la incursión de variadas y nuevas tecnologías, para que una empresa familiar independiente de su tamaño funcione eficazmente a lo largo del tiempo, cada sistema integrado debe estar en condiciones de interactuar con los otros y apoyarlos, siempre con un claro enfoque y documentación. Además, las personas a todo nivel, que forman parte de cada uno de estos sistemas deben interiorizarse al máximo de las decisiones que les corresponden tomar y cuando se logra esta situación de verdadera interacción, gestión general, apoyo en todo el proceso decisorio, podemos asegurar sin dudas, que estamos frente a lo que es la gobernanza verdadera.

Una gobernanza sólida en el seno de las empresas familiares es una característica común y fundamental entre estas empresas que tratan de prosperar durante varias generaciones y en especial desear a todo nivel que perduren a través del tiempo.

El enfoque de gobernanza de cada familia es único y se adapta a sus circunstancias individuales. Sin embargo, para todas las familias, el camino hacia un sistema de gobernanza que les funcione comienza con preguntarse qué busca lograr la familia y la empresa al formalizar la toma de decisiones. En el artículo que sigue, analizamos los componentes generales de la estructura de gobierno de una empresa familiar, proporcionando un marco a considerar para su propia familia.

B.   Modelos Generativos

La denominada IA generativa, es decir la que usa modelos pre-entrenados que responden en forma inmediata cualquier tipo de preguntas formuladas en lenguaje natural, promete ser una de las tecnologías más disruptivas y de alcance global de los últimos años.

Por ejemplo, nuestro ya amigo ChatGPT, un Chabot sin igual, es capaz de escribir de todo, desde poemas hasta artículos complejos sobre casi todos los temas y también diseña presentaciones con llamativas imágenes que él mismo genera sobre cualquier tema.

Aún más sorprendente este modelo o herramienta distinguida de inteligencia artificial como MidJourney puede crear imágenes complejas que imitan el estilo de un artista famoso a partir de tan solo un puñado de palabras denominadas PROMT. Estas plataformas generan preocupación de que puedan reemplazar no solo a escritores, artistas y músicos, sino incluso a ingenieros, abogados y destacados médicos.

Después de todo, ChatGPT no sólo escribe sobre cualquier cantidad de temas, sino que puede generar código sobre una variedad de lenguajes de programación.

Pero ChatGPT, los grandes modelos de lenguaje y otras plataformas de inteligencia artificial generativa tienen la capacidad de cambiar la forma de como interactuamos con la tecnología y brindar soluciones innovadoras a nuestros problemas más urgentes.

La IA Generativa llega sin duda a todo tipo de empresas en especial las familiares y a todos sus miembros.

Ya es muy difundido que con la gran cantidad de herramientas de la Inteligencia Artificial se puede lograr la creación de variado tipo de máquinas que pueden realizar tareas que normalmente requieren cierto nivel de inteligencia humana.

Como tal, la IA generativa no es una tecnología nueva, ya que hace años surgieron modelos como el de Eliza, el que tuve oportunidad de utilizar y quedar sorprendido por sus respuestas y en realidad fue el que más me motivó a profundizar con todos estos temas.

Eliza fue de los primeros predecesores del tipo ChatGPT, fue uno de los primeros programas informáticos de procesamiento del lenguaje natural desarrollado entre 1964 y 1966 en el MIT por Joseph Weizenbaum. Según información obtenida de Wikimedia el presentaba su modelo motivando a que se escribiese una pregunta sobre cualquier tema, su Chatbot con el nombre de Eliza le dará una respuesta que lo dejará asombrado.

Joseph Weizenbaum fue profesor emérito de Informática en el Instituto Tecnológico de Massachusetts y se le considera uno de los padres de la cibernética.
Sobre los años 50, trabajó en computación

analógica, y ayudó a crear un ordenador digital para la Universidad Wayne State. En 1963 entró en MIT, justo cuando yo visité ese Instituto sin saber que era en comienzo de algo muy especial para el Mundo de la Inteligencia Artificial y dos años después creó allí su célebre departamento de ciencias de la computación.

En 1966 publicó el modelo ELIZA que utilizaba el procesamiento del lenguaje natural para dar la sensación de cierta empatía.

El programa aplicaba reglas de concordancia de patrones a las frases de los humanos para calcular sus respuestas, seguía un modelo conversacional acorde al estilo de trabajo psicoterapéutico del psicólogo Humanista Carl Rogers.

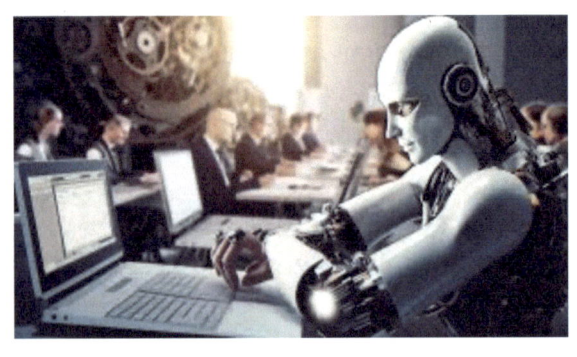

Weizenbaum se sorprendió del impacto que este programa tuvo, al tomarse en serio por mucha gente que incluso llegaban a abrirle sus corazones. Esto le hizo pensar sobre las implicaciones filosóficas de la Inteligencia Artificial y más adelante se convirtió en uno de sus más fervientes críticos. Su influyente libro de 1976 El Poder de las Computadoras y la Razón Humana (Computer Power and Human Reason) muestra su ambivalencia en cuanto a la tecnología introducida por la informática y afirma que cuando la Inteligencia Artificial sea posible, no deberemos dejarles tomar decisiones importantes porque los ordenadores nunca tendrán cualidades humanas como la compasión y la sabiduría al no haber crecido en el entorno emocional de una familia humana.

Llegó a ser el presidente del Consejo Científico del Instituto de Comercio electrónico de Berlín.

Chatbots

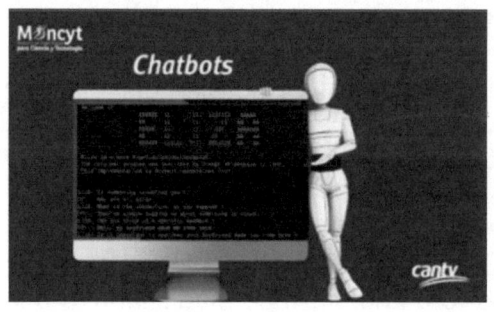

Eliza, al igual que ChatGPT siempre aclaraban que no tenía conciencia, que no se podía enamorar, ya que no se podían ni alegrar ni entristecerse, ni disfrutar una compañía, ni ponerse colorado o ruborizarse, pero si tenían la gran capacidad para responder en forma inmediata cualquier pregunta formulada en lenguaje natural.

Desde una perspectiva de ingeniería, las computadoras han estado escribiendo código a partir de indicaciones desde sus inicios. Un compilador, por ejemplo, toma palabras y las convierte en bits que una máquina puede entender. Sin embargo, fue cuando Texas Instruments lanzó el primer compilador de Procesador de Señal Digital (DSP) basado en que los programadores vieron un cambio importante en la forma de escribir código.

La complejidad de las dependencias internas de un DSP llegó a un punto en el que un compilador de C podía crear consistentemente código más eficiente que una persona y en mucho menos tiempo. Hay muchos otros ejemplos de IA generativa en ingeniería.

El punto aquí es lo que hace que la IA generativa sea tan importante hoy en día para cualquier tipo de empresa y sigue dando pasos muy sólidos y acelerados.

Hoy en día varios de los empresarios entrevistados que pertenecían a Empresas Familiares, piensan que los equipos de hoy en día pasaron a ser de gran ayudar a las personas a crear copias escritas, imágenes y códigos a aparentemente hacer casi todo el trabajo, pero siempre con una suerte de supervisión humana.

Esto ha llevado a un cambio importante en el proceso

creativo, desde decirle a una computadora "cómo" hacer algo hasta indicarle "qué" desea que se haga. En lugar de escribir las palabras reales, puedes decirle a ChatGPT qué tipo de documento quieres que se escriba. En lugar de dibujar líneas, puedes decirle a MidJourney cómo quieres que se vea una imagen.

También ya llega a las empresas familiares la idea de que se le pueda decir a un robot o a una pieza de maquinaria lo que quieres que haga en lugar de tener que programar cada paso del proceso de diseño por un ser humano. Ese es el futuro y ya estamos en él.

Lo que se logra con el uso de la "IA" es el hecho de descubrir patrones y repetirlos. Creo que lo más importante en enfatizar es el hecho que cualquiera de los modelos generativos que se usan y son muchos, puede escribir un poema, pero no lo entiende. También Dall e y MidJourney tampoco sabe lo que está dibujando. Ésta es una de las principales limitaciones de la IA generativa: la plataforma no sabe lo que ha creado ni si lo que creó es exacto o verdadero.

Tomemos el caso de CNET que utiliza IA generativa para escribir artículos. Varios de los artículos creados con IA requirieron correcciones sustanciales. El problema aquí es que CNET publicó los artículos sin revisarlos primero. Y esta es la base del uso de la IA generativa, regla número 1 por así decirlo: no utilices sólo lo que produce una IA generativa. Necesita que una persona, a menudo un experto, revise el resultado para confirmar que es adecuado para el propósito previsto.

Por ejemplo, si el resultado es código, un programador debe realizar esta revisión.

Esto significa que los humanos no serán reemplazados en el corto plazo. Sin embargo, al mismo tiempo, la IA ya está cambiando significativamente la forma en que creamos, diseñamos y trabajamos.

La coevolución de las empresas y sus empresarios y el impacto de la IA que llega a todos los humanos fueron algunas de las tantas predicciones del astrólogo, boticario y adivino francés Nostradamus.

En cuanto a las empresas del futuro y la tecnología son variadas sus predicciones y, en algunos casos, controvertidas. Sin embargo, hay algunas tendencias que se repiten en sus profecías, como la creciente importancia de las nuevas tecnologías, la globalización de las empresas y la aparición de nuevas formas de organización empresarial y la muerte del enfoque piramidal y tradicional control de gestión conocido como el Fordismo.

Nostradamus predijo el desarrollo de nuevas tecnologías que revolucionarían la forma en que vivimos, trabajamos y socializamos y que va a cambiar todo lo que conocemos hoy en día, entre otras cosas esta predicción parece ser el advenimiento de los modelos generativos como es el caso de BarGPT y Bing. No se puede dejar de hablar de los diferentes tipos de organización y organigramas, en especial cuando se habla de empresas familiares y los mismos empresarios del futuro.

En las nuevas organizaciones sus directivos tienen en cuenta como se llegan a definir, agrupan y coordinan formalmente todas las tareas laborales dentro de la empresa.

Sus directivos deben tener en cuenta los siguientes elementos claves cuando se encuentran diseñando la de su empresa familiar.

Estos son los elementos que se deben tener en cuenta:
- Centralización.
- Descentralización.
- Formalización y Ampliación de límites.
- Departamentalización.
- La especialización del trabajo.
- Cadena de mando.
- Alcance de control.
- Manual de operaciones.

- Innovación a todo nivel.
- Educación continua.
- Preparación de Planes de Negocio (Business Plan).

Como siempre, la tecnología y su implacable desarrollo, dejó ver su impacto en este tema, y las nuevas herramientas de la tecnología como es el caso de la Inteligencia Artificial, marcaron su presencia en la forma de como hoy en día se configuran los distintos modelos de organigramas parar presentar todos los aspectos organizativos de las nuevas empresas.

Pasando de la tradicional forma piramidal para representar los aspectos organizativos de una a otras variadas formas que impactan el recorrido de la toma de decisiones y presentación de nuevos cambios e ideas.

En cuanto a las empresas del futuro y la tecnología que giran en torno a las mismas, son variadas sus predicciones y, en algunos ya se habla de Organizaciones Autónomas Descentralizadas (DAO), las que a través del uso de los denominados "Smart Contracts" y en especial los "Tokens" logran llevar adelante su cometido.

Un Smart Contract es un programa informático autónomo diseñado para ejecutar automáticamente, validar o hacer cumplir un acuerdo en un blockchain cuando se cumplen ciertas condiciones predefinidas. En términos más simples, es un contrato auto ejecutable y auto verificable en línea que se ejecuta en una red blockchain, como Ethereum. Una vez creado nadie lo puede modificar.

Mientras tanto, los denominados "Token", son simplemente representaciones digitales de un activo dentro de una empresa usando una plataforma "Blockchain". Este nuevo elemento y cada vez más popular, se lo utiliza hoy en día para representar diversas cosas, distintos activos físicos, derechos de acceso o cualquier otro valor.

Los tokens son creados y gestionados mediante contratos

inteligentes y se pueden intercambiar entre participantes de la red, o sea podrían ser miembros de una empresa familiar.

Los tokens ERC-20 en la red Ethereum, representan los estándares comunes para ser usados en esta nueva organización y los mismos representan unidad de valor emitida por un contrato inteligente en una cadena de bloques.

En este tipo de nueva organización que se aplica a cualquier empresa, las nuevas "DAO" todas las interacciones se llevan a cabo y en especial regulan a partir de reglas transparentes y automatizadas en un "Smart Contract" que una vez publicado ya nadie lo puede modificar.

Uno de los tokens es el denominado de gobierno, el que es creado por la "DAO", para organizarse y de esta forma sus poseedores están habilitados a proponer cambios, corregir, opinar y tomar decisiones, hacerse escuchar, y votar a favor o en contra de los cambios propuestos en un ambiente de total camaradería.

Es importante entender que las personas de estas organizaciones que le dan vida y movimiento a la "DAO" son las que poseen su token de gobierno.

Los Smart Contracts basados en el uso tokens pueden tener diversas aplicaciones en una empresa familiar, especialmente en lo que respecta a toda la gestión de activos, la distribución de beneficios y muy especialmente a la tradicional gobernanza.

La forma de implementarse podría ser la siguiente:
La empresa familiar podría emitir un token digital que podrán usarse por sus miembros para lograr una clara representación de las ganancias. Cada miembro de la familia poseería una cantidad específica de estos tokens en función de su nivel participación en la empresa.

El contrato inteligente podría programarse para distribuir automáticamente los beneficios logrados en forma de tokens a los propietarios en función de su participación, asegurando un proceso de distribución de beneficios con el máximo de transparencia y eficiencia.

Para el caso que la empresa posea activos digitales, como es el caso de propiedades o inversiones, podría utilizar tokens para representar la propiedad de estos activos.

El contrato inteligente podría gestionar la transferencia de estos tokens de forma automática cuando se realice una transacción, simplificando así la gestión de activos.

Para el caso específico de la gobernanza de la empresa normalmente con este tipo de organización se emiten tokens en los que se brindan derechos de voto para las decisiones estratégicas de la empresa.

Cada miembro de la familia poseería una cantidad de tokens de voto proporcional a su participación en la empresa. Las decisiones importantes, como cambios en la dirección o estrategias empresariales, contrataciones y firmas de acuerdos, podrían someterse a votación mediante el uso de estos tokens de voto.

También los tokens se pueden utilizar como un medio muy efectivo para incentivar la participación de los miembros de la familia en la gestión de la empresa.

Se podrían otorgar tokens adicionales como recompensa por logros específicos o por contribuciones significativas al éxito del negocio. Es una forma de premiar ciertas acciones.

Los tokens podrían facilitar la transición de la propiedad y gestión de la empresa cuando se llevan a cabo transferencias generacionales.

A medida que los miembros más jóvenes de la familia se involucren en la empresa, podrían recibir tokens que representen tanto su nivel de participación en lo que tenga que ver con la propiedad como la gobernanza y gestión general.

Estos ejemplos son solo ilustrativos, y la implementación concreta dependerá de las necesidades y estructura específica de la empresa familiar. Es importante tener en cuenta aspectos legales y regulatorios al implementar contratos inteligentes en un entorno empresarial.

Joseph Weizenbaum (8 de enero de 1923 - 5 de marzo de 2008) fue profesor emérito de Informática en el Instituto Tecnológico de Massachusetts y se le considera uno de los padres de la cibernética.

Nació en Berlín, y pudo escapar del régimen de Alemania en 1936, instalándose con su familia en los EEUU, momento donde comenzó a estudiar matemáticas.

Sobre los años 50, trabajó temas vinculados con computación a todo nivel, con gran orientación a la parte analógica y ayudó a crear un ordenador digital para la Universidad Wayne State. En 1955 trabajó para General Electric en el primer ordenador utilizado por un banco y en 1963 entró en el MIT Instituto Tecnológico de Massachusetts, como profesor y dos años después creó el Departamento de Ciencias de la Computación.

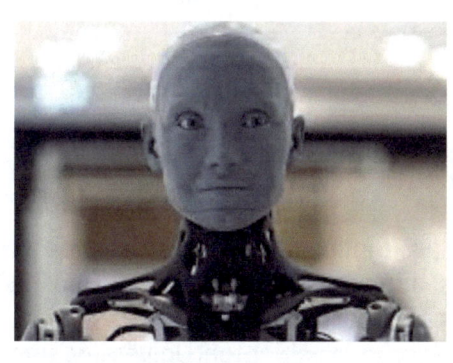

Weizenbaum creo el primer modelo generativo al que bautizó con el nombre de ELIZA, BOT que utilizaba el procesamiento del lenguaje natural para dar la sensación de cierta empatía e inteligencia pasando le prueba de Turing o sea que los que recibían las respuestas dudaban si contestaba una máquina o un humano. Según directivos de AlianzaIN.

ELIZA fue el primer BOT de la historia y se adelantó a Chat GPT alrededor de 60 años, aunque nunca tuvo la cantidad de accesos que logró este modelo creado por Sam Altman de Open AI dado que no tuvo la misma difusión.

El programa aplicaba reglas de concordancia de patrones a las frases de los humanos para calcular sus respuestas, seguía un modelo conversacional acorde al estilo de trabajo psicoterapéutico del psicólogo Humanista Carl Rogers. Lo llamaban en ese entonces el modelo Rogeriano.

Weizenbaum se sorprendió del impacto que este programa tuvo, al tomarse en serio por gran cantidad de usuarios que explicaba que ciertos mensajes de ELIZA, producía un gran impacto en su vida. A continuación, se presenta una imagen en la que se puede observar claramente los primeros pasos de los modelos generativos de los que se conocen con el nombre de ChatGPT, BING, Baer, You y otros tantos.

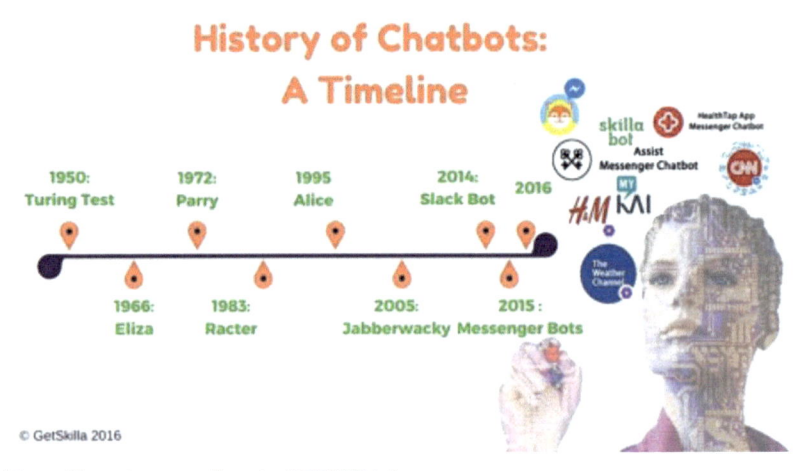

Maravillosa imagen. Fuente GETSKILLA

Esto le hizo pensar sobre las implicaciones filosóficas de la Inteligencia Artificial y más adelante se convirtió en uno de sus más fervientes críticos. Cuando cursaba materias sobre inteligencia Artificial en la George Washington University, uno de los profesores el que además era compañero mío de trabajo en el BID (Banco Interamericano de Desarrollo), a fines de los80, siempre decía que lo interesante y muy llamativos de esta nueva tecnología de que la misma había nacido en los 1950 y a partir de esa fecha, varias veces más, siempre teniendo en cuenta que Alan Touring había sido su verdadero creador, cuando introdujo una máquina con su nombre.

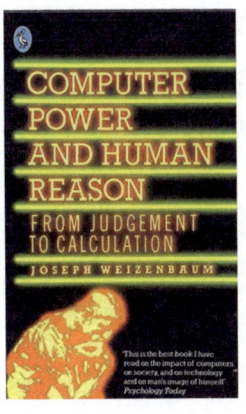

Weizenbaum, escribió varios libros entre los que se destaca como más influyente y de mensajes muy impactantes El Poder de las Computadoras y la Razón Humana (Computer Power and Human Reason).

El enfatizaba en este libro y en todas sus presentación y conferencias, cuando se dieron los primeros pasos de la AI, que esta tecnología introducida por él, nunca se la debería dejar que sus modelos tomen decisiones de ningún tipo, ya que por más que lo deseemos, las computadoras, las tabletas, los teléfonos inteligentes, los Chatbots y Modelos Generativos en general nunca tendrán cualidades humanas tales como la compasión, su capacidad de amar, apreciar las amistades y la sabiduría simplemente por no haberse crecido o desarrollado en entorno familiar de cualidades emocionales al lado de los miembros de una familia humana.

A mí me tocó visitar este instituto en ese año aprovechando un viaje de estudio que hice, del que me quedé atraído, enamorado e impactado y que lo veía como inalcanzable, sin saber todo lo que iba a suceder después y de varios años y que yo, curiosamente iba a tener la suerte de hacer un curso denominado "Tecnología, Cripto Mundo y Blockchain" dado por uno de sus reconocidos especialistas y profesor de este instituto Dr. Gary Gensler quien asumió ya hace más de un año la dirección del SEC - U.S. Securities and Exchange Commission.

El Profesor Gensler escribió el libro sobre temas de tecnología AI e impartió el curso sobre Bitcoin y tecnología blockchain en el Instituto de Tecnología de Massachusetts (MIT). El objetivo del curso era explorar el potencial de la tecnología blockchain teniendo en cuenta consideraciones tanto comerciales como de políticas públicas.

El curso está disponible hoy en día para verlo en línea y es muy recomendable. Acceder por favor a MitOpenCourseware.

> *"La paciencia es una virtud,
> pero también un poder."*
>
> Proverbio Chino

Capítulo V

Retos de las Empresas Familiares del Futuro

A.   Análisis retrospectivo

En los capítulos anteriores ya mencioné el escenario que les toca vivir a los que integran las empresas familiares, dada la situación de cambios constantes en todo lo que gira en torno a la organización, gerencia, su proceso de gestión y a la misma gobernanza.

Los cambios de paradigmas a los que estamos normalmente sometidos a todo nivel son incesantes y lo que está sucediendo hoy en día con la AI y su impacto en el mundo empresario es sorprendente y muy difícil de aprovecharlos en su plenitud y mantenerse bien actualizado.

Si analizamos el acrónimo **"STEM"** (Science, Technology, Engineering and Mathematics) vemos que tiene mucho que ver con las empresas que se acercan a la innovación para prepararse mejor a fin de sobrevivir y competir en los nuevos escenarios de negocios.

Estos cuatro campos comparten un énfasis en la innovación, la resolución de problemas y el pensamiento crítico y juntos conforman una industria popular, de gran atención y de rápido crecimiento muy vinculado a los denominados talentos que todos tratan de contratar.

Todos sabemos que la mayoría de los empleados del futuro

van a estar muy vinculados a esta palabra "STEM", y son la mayoría de los trabajadores que se desempeñan tanto en el trabajo como en sus hogares o lugares de entretenimiento con sus computadoras, tabletas, teléfonos inteligentes y otras tecnologías en sus tareas diarias.

Ya es tradicional que se ponga de manifiesto una resistencia al cambio en la mayoría de las empresas y lo que se trata de motivar es que a todos estos cambios se los vea con deseos de entenderlos y si es posible aprovecharlos al máximo.

Cuando presenté mi último libro "**2084 - Una visita al Mundo AI**" a mediados del 2023 en uno de los eventos de FEBICHAM (Federación de Cámaras de Comercio Binacionales que operan en el área de Miami) y otro de CAMACOL, comenté algo que resultó muy jocoso, ya que dije que estaba lanzando un libro de lo más desactualizado, dado que eran tan vertiginosos los cambios y los anuncios que surgían día a día, que era casi imposible estar actualizado con todo lo que brindan estas nuevas tecnologías.

En el capítulo anterior hablé sobre los "Modelos Generativos" y di ejemplos bien concretos de cómo se iban popularizando y también mencionamos en varias oportunidades como el punto de Convergencia de Tecnologías se iba desplazando con el tiempo y que precisamente ahora, ese punto estaba representado por la misma "AI" y el "Blockchain" y todo lo que gira en torno a la palabra STEM.

Cuando hablamos del Empresario del Futuro, estamos pensando como todos estos cambios que le llegan a diario a sus empresas y a todos los lugares donde desarrollan sus variadas actividades, los presionan para que adopten las herramientas más adecuadas para poder competir y operar con gran profesionalismo.

Cabe destacar que, en la mayoría de los diarios en online que según "International Online News Agency" son más de 30.000, siempre salen algunas notas sobre temas de innovación, AI-Inteligencia Artificial, de nuevas herramientas de Google, de la tokenización de contratos inteligentes y las bondades del Blockchain y de todo lo que tenga que ver con los procesos de digitalización, que llegan a la mayoría de las empresas familiares.

Esto nos puede dar una medida de la cantidad de noticias que circulan y lo difícil que es llegar a determinar cuáles son las más aplicables, creíbles y de mayor peso.

Todos estos mensajes representan una invitación o un llamado de atención para que hagamos algo para estar actualizados y ver de qué forma se logra aplicar estos cambios a las empresas. Al leer información sobre las iniciativas, notas y noticias de Elon Musk, de Jeff Bezos, de Andrew R. Jassy nuevo presidente y CEO de AMAZON y las de varios ejecutivos y especialistas /consultores de empresas familiares más destacadas a nivel mundial, como se explicó el caso con Walmart y de AMAZON, se aprecia como sus directivos aprovechan esta gran corriente de cambios para aplicar diferentes tecnologías y marcar un poder diferenciador.

Podemos asegurar en estos días que la mayoría de las empresas familiares enfrentarán varios retos en el futuro, algunos de los cuales podrían ser aún más pronunciados debido a cambios en el entorno empresarial y social que estamos viviendo.

A continuación, se detallan los más destacados:

Internacionalización y Globalización.
A medida que las empresas familiares buscan expandirse internacionalmente, enfrentarán desafíos relacionados con la diversidad cultural, la gestión remota de equipos, la escasez de talentos y la adaptación a diferentes mercados y regulaciones. Traspaso Generacional.

La transición de liderazgo de una generación a otra es un desafío crítico, especialmente en estos días donde en una empresa se encuentran presentes representantes de cinco generaciones.

En estas situaciones se suele complicar más todo lo que tenga que ver con la identificación y formación de nuevos líderes, así como la gestión de posibles conflictos familiares en torno a la toma de decisiones.

Innovación y Tecnología.
Mantenerse al día con las últimas tecnologías y adaptarse a la transformación digital será crucial. La incorporación de tecnologías emergentes, como la inteligencia artificial, el análisis de datos y la automatización, pueden ser un desafío para empresas familiares más tradicionales.

Gobernanza.
A medida que las empresas familiares crecen, la necesidad de una sólida estructura de gobernanza corporativa se vuelve más evidente. La implementación de políticas claras, la separación de roles entre la familia y la empresa, y la introducción de consejeros externos pueden ser esenciales.

Cambios Generacionales en Valores y Expectativas.
Generaciones más jóvenes pueden tener valores y expectativas diferentes en comparación con sus predecesores. Las empresas familiares deberán adaptarse a estos cambios para mantener la cohesión y la cultura empresarial.

Gestión de Conflictos Familiares.
Los desacuerdos familiares pueden afectar negativamente a la empresa. Desarrollar mecanismos efectivos para resolver conflictos y promover la comunicación abierta será crucial para el éxito a largo plazo.

Cambio de los escenarios de negocios.
La rápida evolución de los mercados y la creciente competencia requieren que las empresas familiares sean ágiles y estén dispuestas a adaptarse constantemente para mantener su posición en el mercado.

Búsqueda de Talentos.
Asegurar la atracción y retención de talentos claves fuera de la familia será crucial. Las empresas familiares deben ofrecer oportunidades de desarrollo profesional y un ambiente de

trabajo atractivo para atraer a los mejores profesionales del mercado.

Innovación.
Crear una mentalidad innovadora dentro de la empresa, para tratar de aplicar todas las nuevas tecnologías que sea posible y estudiar a fondo las condiciones del mercado y de la misma competencia.

Enfrentar estos retos requerirá una combinación de planificación estratégica, adaptabilidad y un enfoque proactivo para abordar los desafíos emergentes en el cambiante panorama empresarial.

B.   Qué sucede realmente en el mercado
Una de las preguntas más frecuentes que se escuchan cuando se habla de empresas familiares, y de los empresarios del futuro es "Qué es en realidad un verdadero desafío, llegar a tener claro y programado que es lo que va a suceder después de su fundador". Como va a llevarse a cabo la continuidad logrando con eficiencia esa transferencia generacional tan importante para todos los que son parte proactiva de estas familias.

Al presentar en uno de los eventos la posición de la OIT en relación con el impacto que la Inteligencia Artificial iba a tener en los puestos de trabajo a nivel mundial, sus especialistas piensan que se crearán más de los que eliminará, dado que su principal rol será el de automatizar gran cantidad de tareas concretas en lugar de reemplazar completamente todos los puestos de trabajos por Chatbots o algoritmos.

Esto es una muestra de que se va a buscar un mayor grado de organización y mejor nivel de productividad para poder competir en los nuevos escenarios que la tecnología está creando.

Dado que este tema es discutido hoy en día en todos los foros internacionales en especial en el Económico Mundial, se deja claro que las empresas tienen la necesidad de adaptarse, de reinventarse y de reaccionar a tiempo ante la presión de tantos cambios.
Cuando hablamos sobre las tendencias generales del mercado

y tan solo una condición en común que son la gran variedad de nuevos dispositivos y nuevas tecnologías que ofrecen en general un sin número de nuevas herramientas, no podemos dejar de analizar los eventos que se realizan a nivel mundial, ya sea exposiciones, seminarios o presentaciones sobre un tema determinado.

Es muy interesante tener en cuenta que en la conocida plataforma "Expo Beds", se presentan más de 600 eventos que tratan temas sobre los más diversos sectores de la industria. Si uno desea estar bien actualizado y de la forma más sencilla y directa posible, debería averiguar cuáles de esos eventos son los que más se ajustan a sus necesidades y explorar la forma de participar en los de mayor importancia en un tema dado relacionado y aplicable a sus respectivas empresas.

Los que se preparen para entender los nuevos anuncios y analizar la posibilidad de aplicarlos, sin duda van a tener mejores probabilidades de lograr éxito y cumplir con sus objetivos.

www.expobeds.com

Yo hace años que sigo muy de cerca varios eventos de nivel internacional, donde se presentan los grandes adelantos para los consumidores de equipos electrónicos de todo el mundo y es donde se hacen los anuncios de las firmas más importantes de tecnología y por representantes de reconocidas empresas.

Todos los años, a principios del mes de enero en Las Vegas se lleva a cabo CES (Consumer Electronic Show) en el que participé en varias oportunidades visitando las magníficas instalaciones y este año - 2024 -, al igual que en los dos anteriores, lo sigo muy de cerca, pero en forma virtual a través de las facilidades online que se ofrecen.

Este año se esperan 130.000 participantes, 4.000 exhibidores y más de 30 diferentes tipos de temas, varios de los cuales van a tener un gran impacto en las empresas familiares y aplicaciones de AI en las mismas.

www.ces.tech

Con los resultados de este evento, más los que se hacen en MIT de programas dirigidos a ejecutivos de Empresas Familiares, se presentan todos los elementos para llegar a entender la gran cantidad de cambios que se avecinan y que hay que tratar de aceptarlos, entenderlos y sin demoras aplicarlos a fin de estar mejor preparados para el futuro.

En los programas ejecutivos de empresas familiares del MIT se explica en forma muy detallada que la disrupción y los cambios que se avecinan, se encuentran de una forma muy agresiva acortando los horizontes temporales para todas las empresas, pero con gran énfasis para las familiares, según lo expresado por John Davis, Keynote Speaker de uno de los programas sobre estos temas de MIT, tienen capas adicionales de complejidad y razón de más para estar mejor informados sobre el futuro. Para él, el éxito de las empresas en todas sus acciones es inseparable del bienestar de la familia.

Todos estos cambios dependen del lugar y en especial de la industria o sector específico donde se desarrollen las actividades.

Creo que no hay duda de que todo lo que padecimos por culpa de la pandemia, dio lugar a que surjan gran cantidad de reuniones virtuales y transacciones también en línea y el eCommerce tomó mucha más fuerza cambiando en cierta medida la forma de hacer negocios y de adquirir cualquier tipo de productos sin la necesidad de visitar los tradicionales negocios o tiendas.

Ya en varios estudios se afirma que cualquier tipo de empresa, en especial las familiares, se vieron obligadas a cambiar como una clara medida de supervivencia. En estos últimos años estas empresas y sus empresarios se tuvieron que reinventar en todos los aspectos. En el Capítulo XII de este libro, el Ing. Mario Golab, uno de los especialistas que se sumó al mismo, lo explica en su nota de una forma muy clara y concreta con datos de la vida real. No deje de leerlo.

Él explica lo que eran las empresas familiares en los barrios, donde estaba todo en el entorno de nuestros hogares para llegar a dotarnos de lo que necesitábamos para comer, estudiar, divertirnos, trabajar, socializar e intercambiar experiencias.

Los directivos de las empresas familiares se han dado cuenta en estos días que una de las claves del éxito es invertir en el uso de plataformas en línea y tratar de entender las estrategias de mercadeo digital para llegar a un público más amplio, diversificar sus canales de venta e introducirse en la globalización.

Son varias las empresas familiares que se encuentran llevando a cabo procesos de transformación digital para mejorar la eficiencia operativa, la toma de decisiones, todos los aspectos logísticos, mercadeo y los cambios que se presentan en relación con las diversas experiencias de los clientes. Esto implica la adopción de tecnologías como la inteligencia artificial, el análisis de datos, la automatización de procesos y el uso de la nube.

Con el aumento en la cantidad de datos generados que inundan las empresas, sus directivos están prestando más atención a la gestión de estos en forma ordenada. La implementación de sistemas de gestión de datos efectivos puede ayudar a las empresas familiares a tomar mejores decisiones y lograr estar mucho más informadas.

Hay que tener presente que a medida que las empresas familiares se vuelven más dependientes de la tecnología, de su gran cantidad de datos que le llegan y los nuevos equipos que deben instalar, el tema de la ciberseguridad se vuelve crucial y pasa a tener una mayor prioridad.

Hay que tener en cuenta en estos tiempos, que los que integran las empresas familiares deben estar muy atentos a la protección de sus datos y sistemas ante todo tipo de amenazas y en especial las cibernéticas.

Las empresas familiares deben tratar de implementar soluciones para facilitar la comunicación y colaboración entre sus empleados, independientemente de donde se encuentren ubicados los mismos.

A medida que los representantes de distintas generaciones se suman a la empresa, la implementación de tecnologías digitales son la base y clave para lograr una transición segura, suave y de excelentes resultados.

La formación en tecnología, la incorporación de nuevos profesionales de alto nivel, y la comprensión de las tendencias digitales por todos los empresarios que son parte proactiva de las empresas familiares tienen ahora gran importancia para asegurar la continuidad del negocio.
exec.mit.edu

Este instituto organiza gran variedad de eventos y por su generación de documentos y variados estudios se ha transformado en un verdadero centro de información de este tipo de empresas. Aquí se conectan especialistas, consultores y empresarios de los más variados sectores que desean ser parte proactiva de esta carrera tecnológica y es el lugar donde reconocidos profesionales y ejecutivos de empresas familiares son normalmente invitados a dar sus clases magistrales. Es considerado como un lugar clave de intercambio de experiencias.

Un ejemplo de estos especialistas invitados es el Dr. John Davis a quien todos lo conocen como el creador de sus tres círculos (Familia, Patrimonio y Empresa) quien fue galardonado con el Richard Beckhard Practice Award otorgado por el Family Firm Institute, en el que se reconocen sus logros y sus magníficas contribuciones en todos aspectos que giran en torno al mundo de "Empresas Familiares", incluida la excelencia en asesoramiento, publicaciones, libros y liderazgo en el campo. Estas son las palabras pronunciadas por François de Visscher en el momento de la entrega del premio Richard Beckhard a John Davis: "Durante 40 años, John Davis ha estado abriendo un camino para muchos de nosotros como pionero. Más importante que todo su aporte al campo; más importante que todos sus logros en investigación, enseñanza y consultoría; Más importante que su liderazgo en Cambridge Family Enterprise Group, John es un amigo para muchos de nosotros. Siempre está dispuesto a compartir sus conocimientos y sabiduría, es generoso con sus colegas en el campo y ha sido una inspiración para muchos de nosotros".

Verdaderamente fueron palabras muy emocionantes y bien difundidas que resumen en forma elegante y precisa todos los grandes aportes brindados por el Dr. John Davis a la comunidad mundial.

Otro especialista digno de nombrar es el Dr. Christopher Pissarides, reconocido economista quien recibió el Premio Nobel en 2010 en su área de trabajo no dejó de opinar como veía a las nuevas tecnologías en especial la Inteligencia Artificial como podía llegar a cambiar drásticamente la naturaleza de todas las posiciones futuras de empleo.

Tanto en la London School of Economic donde estaba dando clases como invitado especial y en charlas en Bloomberg, le dedicó tiempo para presentar sus ideas de como él percibía a la AI en todas las ciencias que se conocen del campo STEM. Según él es increíble el aporte de esta tecnología, pero no se puede descuidar la forma en que reemplaza a todos aquellos trabajos que requieren acciones repetitivas.

La siguiente imagen es la que se utilizó para difundir y formular la invitación a este evento que marcó un verdadero hito en la Ciudad de New York para presentar algunos conceptos sobre el futuro de las Empresas Familiares y que se lleva a cabo todos los años.

Demás está decir que son eventos muy recomendados ya que los mismos abren las puertas para conectarse con un grupo de profesionales, profesores, consultores e investigadores que brindan oportunidades de verdaderos intercambios de experiencias e información relevante para estar mejor preparados para sumarse a esta corriente profunda de cambios.

www.ffi.org

Cuando hablamos de Inteligencia Artificial, su futuro y su impacto en la sociedad, no podemos dejar de nombrar a Elon Musk y mencionar algunas de sus ideas, de sus proyectos y la forma de cómo sus decisiones tienen un verdadero impacto en lo que está pasando estos días en aspectos de innovación y tecnología.

Aunque en algún momento Musk habló de los temores existentes debido a tantos cambios que se estaban produciendo él solicitó un especial cuidado de seguir con todos los desarrollos hasta tanto de definan más regulaciones en los países y se pierdan ciertos temores por lo que podían llegar a producirse por la difusión de estas tecnologías.

Él no se detuvo para nada y siguió creando nuevos productos y siendo un verdadero competidor en diversos temas de avanzada como es el caso de la creación de su nuevo modelo generativo denominado "Grok". Fuente: La Vanguardia.

Elon Musk ha dado en estos días detalles sobre este modelo de inteligencia artificial de su empresa emergente xAI, para competir con ChatGPT, el mismo que tiene acceso a X en tiempo

real, lo que le da una gran ventaja sobre otros modelos". A este nuevo módulo generativo según Musk "le encanta el sarcasmo" y explicó que "Grok" es una palabra del argot que significa "Comprender profunda e intuitivamente" algo. 
www.spacex.com

El evento "MWC de Barcelona", que se realiza anualmente en el mes de febrero, junto al CES y eMerge, es el que marca los pasos de los avances tecnológicos y de innovación a nivel mundial. Este evento ya hace años se considera uno de los más destacados de Europa por el que circulan más de 50 mil participantes.

Por ejemplo, en el 2023 asistieron a este evento, casi 90 mil asistentes de los cuales un 56% eran procedentes de sectores adyacentes al ecosistema móvil. Se hicieron en el mismo, gran cantidad de anuncios de redes 5G, de nuevas herramientas para empresas familiares y otras industrias.

Los lenguajes o modelos generativos fueron los que tuvieron más impacto junto a la robótica, a anuncios de IA, el Metaverso, Metaversity y la realidad virtual.
www.mwcbarcelona.com

eMerge Es otro de los eventos de Tecnología más destacados y concurridos del área de Miami. Se realiza en el Miami Convention Center todos los años y vienen misiones de más de 50 países a nivel mundial con énfasis en los de Latinoamérica.

Al igual que en CES se realizan gran cantidad de anuncios de productos y servicios, para 20 mil participantes, con unos 250 auspiciantes y 250 expositores.

Todos los miembros de las empresas familiares, si desean de alguna forma sumarse a todos los cambios tecnológicos que se avecinan, no deberían estar ausentes de este tipo eventos.
Todas las oficinas comerciales de los consulados locales normalmente tienen una presencia bien destacada y sirven de base para ayudar a los participantes de cada país a crear buenos vínculos para futuros emprendimientos y colaborar en el desarrollo de variadas rondas de negocios.

Representantes de varios grandes proyectos relacionados con las FINTECH y también de la Banca, varias presentaciones las que normalmente ofrecen una gran variedad de proyectos y alternativas de negocios.
www.emergeamericas.com

El Congreso Hemisférico de CAMACOL, con ya 45 años de vida, del cual me desempeño como vicepresidente y junto a su presidente Don Joe Chi, y el presidente de la Secretaría Permanente Julio Vidal, directivo de la Cámara de Comercio de Panamá, nos encargamos de organizarlo también en el Miami Convention Center junto con el evento de Food and Beverage, normalmente a mediados del mes de septiembre.

Este evento usa como mensaje o slogan el siguiente: "Visite en solo tres días 30 países" y se garantizan increíbles reuniones de trabajo y rondas de negocios con un especial énfasis en variados aspectos para robustecer el desarrollo de Empresas Familiares y dotar a sus miembros de las bases para que aprovechen de la mejor forma posible todas las nuevas herramientas disponibles. Se organizan variadas Rondas de Negocios dirigidas por Jorge Mesa, Ejecutivo de Sedano's y a través de estas reuniones se ofrece la oportunidad para llegar a robustecer los proyectos que se presentan normalmente de adaptación a variados cambios.

En este evento el Comité de FINTECH y de CAMACOL tienen una presencia bien determinada y juegan un rol de avanzada en todo lo que tiene que ver con los aspectos de la capacitación de los empresarios del futuro.
www.camacol.org

Estas son las 5 empresas que forman parte de un Grupo de Nuevos Desarrollos y de proyectos disruptivos e innovación que se dedican ya hace años a organizar Misiones Comerciales en varios países de Iberoamérica.

Con el suscripto e Italo Torrese a la cabeza organizamos varios eventos anuales tanto presenciales como virtuales, especialmente vinculados a aspectos de tecnología y su aplicación en empresas familiares y la capacitación de sus propios empresarios.

Este grupo de la mano de CAMACOL, FEBICHAM, y la FIU se dedican a brindar servicios de Continuing Education, Marketing, Digitalización de empresas y formación de Ejecutivos y últimamente la confección de planes de negocios pasó a ocupar un lugar de preferencia.

En la parte de servicios de consultoría se dedican especialmente a extraer en alrededor de dos a tres meses libros de los cuerpos de potenciales escritores con a la edición y diseño y una vez terminados publicarlos en Amazon.

Esta es otra de las iniciativas que aglutina todas las cámaras inmobiliarias de Iberoamérica y Centros de Capacitación Inmobiliaria, vinculada también al Grupo de Nuevos Desarrollos y que opera a nivel regional, con sede en los Estados Unidos, desde la Ciudad de Miami.

La mayoría de sus proyectos giran en torno PROPTECH y el uso de la Tecnología Blockchain para llevar a cabo variados procesos de tokenización en el sector inmobiliario. Uno de sus fundadores Lic. Alejandro Bennazar, ex presidente de la Cámara Inmobiliaria Argentina y actualmente presidente de REBITI ONG y del Instituto de Capacitación Inmobiliaria.

Este grupo ha creado una fábrica de TOKEN y ya tienen proyectos en marcha en España, Argentina y hoy en día se encuentran en plena negociación para cerrar operaciones en Ecuador y Chile.
www.rebiti.org

"Para hacer cosas grandes hace falta un 99% de talento, un 99% de disciplina y un 99% de trabajo."
William Faulkner

Capítulo VI
Importancia de la Gestión Patrimonial

A. El denominado círculo de oro

Si volvemos a analizar los tres círculos de Davis, que siempre aparecen en todos temas vinculados con empresas familiares en especial al hablar de patrimonios, advertimos que hay uno que es el denominado de "ORO" y es el que está relacionado con todos los aspectos, valga la redundancia, de la Gestión Patrimonial.

Con respecto a este tema, siempre en todo intercambio de ideas sale a relucir el conocido proverbio chino que dice: "La riqueza en un grupo familiar nunca sobrevive a tres generaciones" y realmente esta afirmación tiene un equivalente real en muchas culturas y en varios de nuestros países y ha aparecido en escritos durante siglos.

Al hablar de la Gestión Patrimonial Estratégica, no podemos dejar de aclarar que este tema implica el hecho de motivar a todos los que integran estas iniciativas familiares a interiorizarse al máximo sobre las finanzas de todos sus miembros, detallando dentro de lo posible todos los activos existentes, los gastos programados, detalles sobre las tasas de retorno y actuales y todos los planes tantos inmobiliarios como de inversiones programadas, aparte de las obligaciones impositivas.

Este es otro de los temas que en cierta medida marca una diferencia con los empresarios del futuro y los actuales, ya que los mismos tienen a su alcance nuevos equipos, acceso más sencillo a la gran variedad de datos (Big Data) y con la disponibilidad de mejores accesos y medios de comunicación. Es muy importante que se lleguen a estructurar los objetivos financieros que se hayan planteado teniendo muy en cuenta los factores tanto activos como pasivos que de una forma u otra inciden en el balance patrimonial.

Me pareció oportuno detallar como introducción los puntos mencionados por el Dr. Enrique Ortega en una de sus disertaciones sobre este tema, quien remarcó que era muy importante tener en cuenta los 5 puntos claves al hablar de "Gestión Patrimonial" y la mejor acción a tomar para evitar futuros problemas.

Estos fueron los puntos mencionados:

- Llevar a cabo un detallado Inventario Financiero, dentro de los posible, desglosando todos los activos y pasivos, así como también analizar ingresos y gastos. Aquí Ortega recomendó estudiar a fondo las tendencias para comprender la dirección actual del patrimonio.

- Realizar una evaluación en forma exhaustiva para definir con el máximo de detalle posible, el perfil patrimonial de cada uno de los miembros de la familia. Esto incluye la situación personal, perfil de inversionista, tolerancia al riesgo, necesidades de liquidez y establecer objetivos medibles a corto, mediano y largo plazo.

- Identificar y evaluar al detalle todos los riesgos a los que está expuesto el patrimonio, como por ejemplo riesgo país, legal y de moneda, riesgos de concentración en industrias o activos específicos, impactos fiscales, competencia desmedida, exposición a demandas de terceros, situaciones de divorcios, exposición a expropiación, fallecimientos, entre otros.

- Identificar las variadas áreas de oportunidades que se suelen presentar, como, por ejemplo, áreas de mejora en la gestión patrimonial, diversificación de riesgos, búsqueda de estructuras legales de protección, identificar y aplicar eficiencias fiscales, planificación de sucesión, educación financiera a próximas generaciones y contratación de profesionales (Hoy en día llamados talentos) para optimizar esta gestión.

- Con toda esta información bien ordenada, desarrollar un "Business Plan" a corto, mediano y largo plazo., donde quede muy claro la Visión, Misión y Objetivos del proyecto familiar. Ejecutar el plan de manera ordenada y eficiente, monitoreando constantemente los indicadores claves de rendimiento (KPI) utilizados y realizando todos los ajustes posibles y siempre bien documentados, según sea necesario. Hay que tener en cuenta que un gran porcentaje de empresas familiares operan sin un detallado y consensuado plan, hecho que a la larga va a impactar el negocio de alguna manera.

Todos los participantes, los que siguieron muy de cerca esta presentación del Dr. Ortega y la disfrutaron, estuvieron de acuerdo que estos puntos detallados representaban una verdadera guía para asegurar el éxito de la planificación patrimonial, es decir lo vieron como un enfoque integral que proporciona sólidas bases para la gestión efectiva del patrimonio, asegurando su alineación con los objetivos y circunstancias familiares a lo largo del tiempo.

Es importante tener en cuenta que, para llegar a definir el Patrimonio Neto, de una empresa familiar, hay que restar el pasivo del total de activos que se hayan definido. De esta forma, se llega al valor del denominado "Capital Inicial" es decir el resultado de las reservas y los dividendos, menos las obligaciones pendientes.

Es conveniente aclarar que tanto los activos como pasivos de una empresa familiar están formados por todos sus bienes y derechos y también el detalle de todas sus deudas y obligaciones.

El valor de los pasivos de la empresa corresponde a sus deudas, créditos y gastos corrientes, mientras que los activos se reflejan normalmente por las facturas a cobrar y todos los inmuebles. Para estar en condiciones de consolidar y acrecentar los negocios familiares es importante llevar cuentas claras de los activos y pasivos y tener en cuenta los factores que inciden en él y las recomendaciones para realizar un correcto balance.

Cuando nos preguntamos ¿Cómo se define un patrimonio?, no dudamos que el mismo está representado por el total de bienes con valor económico que pertenecen a una persona o empresa, teniendo en cuenta que lo que está en juego es el patrimonio real de la familia.

Todos estos factores de una forma u otra influyen tanto negativa como positivamente en la empresa. La mayoría de sus integrantes desea llegar a un modelo de negocio que sea rentable y escalable, es decir, que tenga no solo posibilidades de crecimiento, sino que se logren ganancias y esto sucede cuando la diferencia de los activos y los pasivos llegue a un nivel positivo.

Los activos se deberían transformar en efectivo en el corto o mediano plazo, para brindar una dosis de optimismo y confianza a todos los miembros de la familia, pero sin descuidar la calidad de los pasivos, lógicamente teniendo en cuenta las fechas de vencimientos de todas las obligaciones.

Todos los asesores que trabajan en temas vinculados a la Gestión Patrimonial no dejan de enfatizar y recomendar que cuando se logra que la diferencia entre "Activos y Pasivos" está a favor de la empresa, es el momento ideal para pensar seriamente en invertir.

Si se decide hacerlo, se logra conservar y acrecentar el patrimonio familiar que se ha dedicado al negocio y se logra un resguardo de todo el capital comprometido en la empresa, especialmente frente a los frecuentes vaivenes de la economía y de los variados escenarios de negocio con impacto económicos poco favorables.

Hay que tener muy en cuenta que la relación mencionada entre los diferentes activos y pasivos tiene una incidencia directa en el crecimiento de la empresa.

Lo que sí, nos queda muy claro, es el hecho que, para conocer el estado de la empresa en cuanto a su solvencia económica, se debe llevar a cabo los balances periódicos, teniendo en cuenta el total tanto de los activos como pasivos.

B. Planificación Patrimonial

La planificación patrimonial en las Empresas Familiares es un proceso que ayuda a todos sus propietarios no sólo a proteger su patrimonio, sino el de toda la empresa y asegurar la continuidad de esta. Este proceso bien organizado, genera confianza, ya que queda un camino claro para proceder ante cualquier desvío que se presente que pueda afectar de alguna manera los patrimonios de los miembros.

El proceso comienza con una evaluación del patrimonio de cada uno de los miembros de la empresa, donde se incluyen todos sus activos, pasivos y necesidades. Luego, se desarrollan estrategias para protegerlos y lograr los objetivos de la familia. Este proceso implica la gestión y disposición de los activos y propiedades de uno de los miembros a fin de garantizar la distribución deseada en caso de su fallecimiento o enfermedad que motiven separarse de alguna manera de la empresa.

Los factores más importantes para tener en cuenta en este tipo de planificación incluyen:
Testamento y Sucesión de cada miembro: Redacción de un testamento claro y válido. Designación de beneficiarios. Consideración de leyes de sucesión aplicables.
Planificación Fiscal: Evaluación de las implicaciones fiscales de las decisiones patrimoniales. Exploración de estrategias para minimizar los impuestos sobre el patrimonio.
Fideicomiso y otros instrumentos legales: Creación de fideicomisos para administrar y distribuir activos y en algunos casos uso de otros instrumentos legales según sea necesario.
Cuidado de Dependientes: Provisión para cónyuges, hijos u otros dependientes.

Bienes y Activos: Inventario y evaluación de activos, propiedades y deudas. Planificación para la transferencia de propiedades específicas.

Seguros de Vida y otros beneficios: Revisión de pólizas de seguro de vida. Aseguramiento de beneficios de pensiones y jubilación.

Planificación Empresarial: Consideración de activos empresariales y su transferencia. Planificación para la continuidad de negocios familiares.

Es importante tener en cuenta que la planificación patrimonial debe adaptarse a las circunstancias individuales y puede requerir ajustes a lo largo del tiempo debido a cambios en la vida y en la legislación.

Planificación patrimonial, también conocida como planificación de patrimonio o planificación de sucesión, es el proceso de organizar sus asuntos financieros y legales para garantizar que sus deseos se lleven a cabo después de su muerte o incapacidad. Esto implica tomar decisiones sobre cómo se distribuirán sus activos, quién los administrará y quién cuidará de sus dependientes.

Una planificación patrimonial sólida puede brindar protección y tranquilidad a sus seres queridos, evitar conflictos familiares y minimizar los impuestos.

Estos son los elementos claves de la planificación patrimonial:

- **Testamento:** Un documento legal que establece quién heredará sus bienes después de su fallecimiento.
- **Poder notarial:** Un documento que otorga a otra persona la autoridad para tomar decisiones en su nombre si usted está incapacitado.
- **Directrices anticipadas de atención médica:** Un documento que establece sus preferencias de atención médica en caso de que no pueda comunicarse por sí mismo.
- **Fideicomiso:** Un acuerdo legal que coloca sus bienes en manos de un tercero (fiduciario) para que los administre en

beneficio de otra persona (beneficiario).
- *Seguro de vida:* Una póliza que proporciona un beneficio financiero a sus beneficiarios después de su fallecimiento.

Cómo crear un plan de patrimonio:
La planificación patrimonial es un proceso importante que no debe posponerse. Al tomar el tiempo para crear un plan, puede brindar protección y tranquilidad a sus seres queridos.

Se deberían tener en cuenta estas acciones claves a realizar:
- Llevar a cabo un detallado inventario de todos los activos y pasivos que uno posee. Esto incluye todo, desde las propiedades, vehículo y deudas de todo tipo.
- Identificación de todos potenciales beneficiarios.
- Elija a un albacea o fiduciario, para que se encargue de la administración de su patrimonio después de su fallecimiento.
- Redacte y firme el Testamento y el poder notarial.

> *"Soy un creyente de la suerte y he descubierto que mientras más duro trabaje, más suerte tengo."*
>
> Stephen Leacock

Capítulo VII

Internacionalización

A. Algo para recordar

Cualquier tema que queramos introducir en relación con Empresas Familiares y su comportamiento a través del tiempo, siempre de una forma u otra, nos vemos enfrentados a los Círculos de Davis y últimamente también surge el denominado y muy difundido Modelo CAVA basado en: Cinco claves del éxito en la empresa familiar creado por Miguel Ángel Gallo y el Dr. Salvatore Tomaselli con el que tengo la suerte de trabajar en variados proyectos.

El modelo CAVA sirve de base para ayudar a los que desean crear una empresa familiar con la base a la integración multigeneracional a través de detallados compromisos de todos sus miembros. Cada una de las letras de este modelo tiene un significado muy sugestivo que se describe más adelante.

Se puede asegurar que el éxito depende del hecho de lograr la integración de una comunidad por demás comprometida, el poder como un servicio y la transmisión del patrimonio como una responsabilidad.

Queda demostrado que el desarrollo de estas áreas genera grandes aportes a la continuidad de la empresa y éxito del negocio y adicionalmente les permite a las familias entender lo que implica estar muy comprometidos con su negocio.

El Dr. Salvatore Tomaselli, uno de los creadores de este modelo y parte de los especialistas que han colaborado con la preparación de este libro, se emocionó cuando le comenté que estaba usando su imagen vinculada a CAVA y su relación con los círculos de Davis.

El haber tenido la oportunidad de trabajar con Empresas Familiares en la Ciudad de Nagoya, Japón en la década de los 90 y apreciar como culturalmente los japoneses tenían una forma muy especial de ver el traspaso generacional especialmente por el respeto que existe en ese país entre todos los miembros de las familias con énfasis en la jerarquía.

Hace algunos años cuando comencé a estudiar el tema de empresas familiares, me sorprendía al ver que existían empresas muy longevas, en especial me llamó la atención la constructora Kongo Gumi, ubicada en el Japón y fundada en el año 578, es la empresa que ostenta el récord de haber estado activa durante el período más prolongado de la historia, llegando a operar por más de 1.400 años con la participación de 40 generaciones de la familia.

Ante este caso, es imposible no preguntarse ¿Cómo lo lograron? Es muy común encontrar fundadores que tienen un alto compromiso con la empresa, pero que no logran transmitir esa misma motivación y compromiso a sus descendientes, por tanto, la empresa no logra subsistir en manos de la familia por más de dos o tres generaciones.

Según académicos del área, la clave del éxito de negocios familiares que han perdurado en el tiempo se encuentra en las cualidades de las personas que forman el grupo propietario, lo cual se ve reflejado en la cohesión de la familia, es decir en la unidad, la armonía y en las metas comunes de sus miembros. Este éxito puede verse obstaculizado por la resistencia del fundador a transferir el negocio a la siguiente generación o cambiar la estrategia o por la falta de interés de las siguientes generaciones en el negocio. Aun así, muchas compañías multigeneracionales logran sobrevivir y alcanzar el tan anhelado éxito como empresa familiar.

B. Modelo CAVA

El modelo CAVA es una guía para aquellas personas que buscan hacer de su empresa familiar una organización multigeneracional a través del compromiso de sus miembros. Existen distintos principios, estructuras y normas que combinadas conforman este modelo. Cada letra corresponde a una palabra:

***C**= Comprometido **A**= Activo **V**= Virtuoso **A**= Avanzado*

Es decir, el modelo concibe el negocio familiar como una comunidad de personas comprometidas, el poder como un servicio y la transmisión del patrimonio como una responsabilidad. El desarrollo de estas áreas genera grandes aportes a la continuidad del negocio y adicionalmente les permite a las familias entender lo que implica ser una familia comprometida a todo nivel.

Una empresa familiar es una comunidad en la que son más importantes los vínculos existentes entre los propietarios, directivos y personas que trabajan en la compañía que el éxito que se pueda lograr. El gran respeto por la calidad y los clientes es clave.

Fuente: Creatividad de Miguel Angel Gallo y Salvatore Tomaselli (2009).

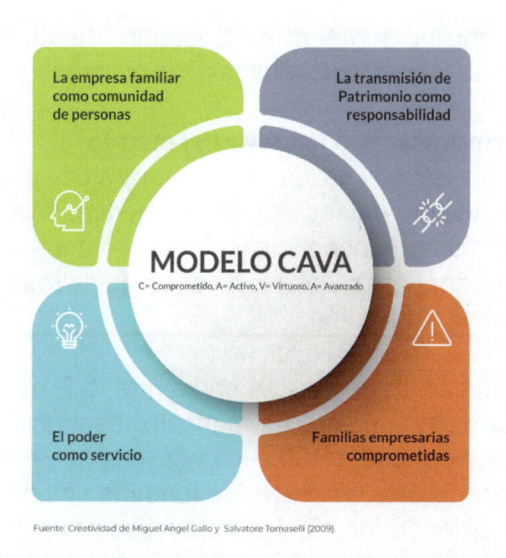

En este aspecto las estructuras de responsabilidad y los

sistemas de gestión son fundamentales para facilitar la adecuada organización e interacción de todos los actores. Indudablemente el seguimiento de unas normas claras y de un conducto regular evita múltiples inconvenientes entre los miembros de una familia que trabajan juntos.

Para fomentar la unidad y el compromiso de los miembros de la familia con el negocio debe haber una estructura que combine los valores, principios y normas tradicionales en los antecesores y deseables en futuras generaciones. En algunos casos, los valores incorporados en estas estructuras son un intento de la familia propietaria de formalizar algunas de sus creencias para facilitar la supervivencia del negocio familiar y la óptima comunicación entre sus miembros de distintas generaciones.

Según el Dr. Salvatore Tomaselli, uno de sus creadores como ya mencioné, todos los miembros de la familia deben alcanzar un compromiso bien definido y documentado para que se cumplan todas las operaciones, de acuerdo con lo programado, y que se logre la supervivencia de la Empresa Familiar por varias generaciones.

Si no se logra este compromiso todos los cambios que se presentan normalmente más el efecto de la competencia provocarán un incontrolable caos de la empresa.

C.   La empresa más longeva del mundo
En Japón, un abuelo no es un anciano algo ignorado como sucede en varios países de Iberoamérica, sino que es la persona de mayor experiencia y el que merece mayor respeto, admiración y confianza y el que se encarga de irradiar sabiduría y además simboliza unión.

Curiosamente en este país, se encuentra la Empresa Familiar más antigua del mundo que permaneció pasando de generación en generación por casi 1.400 años y se la conoce con el nombre de Kongō Gumi. Esta empresa fue fundada en año 578 cuando estaban ocurriendo los siguientes sucesos que impulsaron su creación y que permitieron su desarrollo espectacular.

Se vivió en ese entonces, cuando fue creada, el gran apogeo del Imperio Maya, los primeros años de Mahoma en La Meca, el proceso de demolición del Imperio Romano de Occidente por parte del pueblo germánico, expansión del Imperio Bizantino en Mesopotamia, y en algunos casos víctimas de varias guerras.

Cuando tuve la suerte de hacer una corta pasantía en la Toyota durante mi visita a la Ciudad de Nagoya mientras organizaba la Reunión Anual del Banco Interamericano de Desarrollo, sus directivos presentaban a esta empresa como un verdadero modelo de organización y gobernanza y de su enfoque social y familiar en la vida.

Kongō Gumi nace en el momento de la llegada del budismo, acontecimientos más determinantes en la historia de Japón. Su introducción data de algunas décadas antes y tuvo un éxito inmediato y esta empresa se transformó en la más exitosa y sin duda la más longeva.

El que más permitió que esta empresa surgiera al más alto nivel fue el príncipe Shōtoku Taishi, quien ordenó la construcción del templo Shitennō-ji, el mismo que sigue siendo una de las más destacadas atracciones turísticas de Osaka. El príncipe Shōtoku fue un reconocido intelectual y uno de los políticos nobles más célebres de la historia de Japón. Nació en el 574 y falleció a los 49 años, en el 622.

El príncipe contrató a un grupo de especialistas constructores coreanos muy experimentados y de aquel acuerdo surgiría no sólo el bellísimo templo, sino también una de las empresas más exitosas y longevas, de la historia del ser humano.

Kongō Gumi siguió funcionando durante milenios, en gran medida gracias a la posibilidad de restauración de edificios, castillos, templos y residencias.

D.   Distintos tipos de generaciones

En esta sección pensé que la mejor forma de ilustrar a los lectores sobre los aspectos que definen las variadas generaciones existentes, presentándoles un resumen de varias charlas que me tocó dar durante distintas misiones comerciales desarrolladas en los EEUU, Costa Rica, Paraguay, Perú, Uruguay, Ecuador y también en la CAC - Cámara Argentina de Comercio y Servicios a fines del 2022 en la Ciudad de Buenos Aires, Argentina, donde se introducían las distintas generaciones y su relación con su postura en la vida.

Este mismo tipo de presentaciones se llevaron a cabo en España en Madrid, Sevilla, Ciudad Real, Mérida (Extremadura) y Tenerife.

Todos sabemos que cada generación se adapta al momento económico y social en que vive, evoluciona de una forma bien clara, se hace conocer, crece y progresa, pero la que ha logrado dar un ímpetu realmente increíble, es la denominada "Generación de los Millennials" en la que curiosamente CNN en una de sus magníficas entrevistas llevada a cabo por el famoso y afamado periodista Guillermo Arduino, y como regalo de mi cumpleaños, me nombraron el "Oldest Millennial de los EEUU", distinción que me sigue acompañando durante mis más diversas actividades.

En los últimos meses del 2023 se puede asegurar que ya ha nacido una nueva generación con el nombre de "Meta" aunque aún no está formalizada y es la que va a tener que vivir el resultado de lo que deje el desarrollo y evolución del Metaverso y los cambios que motive la AI junto la tecnología Blockchain y los nuevos procesos de tokenización.

A los Centennials se los define como la generación que ha tenido la dicha de vivir con el super apogeo de la telefonía celular, las tabletas y de los juegos y es por eso por lo que gran parte de las nuevas tecnologías forman parte de su propia vida y personalidad y están más que adaptados a este nuevo entorno y escenario de todas las actividades sociales, políticas, económicas y familiares.

Los Millennials son los conocidos como Generación Y, nacidos entre principios de los años 80 y mediados de los 90 y llegaron con el nuevo milenio y la digitalización. Son diferentes tanto como empleados y como consumidores y en cierta medida están provocando cambios en las grandes empresas y en especial en lo que tiene que ver con la forma de presentar eventos.

En Softlanding, Miami Oportunidad, Barnews Research Group, REBITI y varias de las cámaras a las que pertenecemos y gran parte de las organizaciones, sabemos que hablar de Millennials, es hablar de jóvenes que disfrutan los proyectos disruptivos, es decir, son los que producen una interrupción brusca, tanto en las grandes empresas como en la mayoría de los escenarios de negocios en los que les toca participar. Parecen cambiarlo todo y en algunos casos lo logran, pero también suelen crear gran cantidad de anticuerpos.

Son nativos digitales, están muy comprometidos, son muy autónomos, exigentes, impacientes e irreverentes y por demás capaces en el uso de todas las herramientas digitales.

Según la taxonomía de generaciones podemos mencionar las circunstancias históricas de cada una de ellas con sus respectivas fechas cuando surgieron:

- **Generación "META" – 2020- 2030.** Aún no definido oficialmente el nombre de esta generación. Son los que están ya viviendo más de cerca el impacto de la nueva Internet, el Metaverso y la AI.
- **Generación Z - 1994-2019** – Centennials que viven en

la expansión masiva de la internet e IoT – Industria 4.0- Primeros pasos de la Realidad Aumentada y la Virtual. El comercio electrónico despega con mucha fuerza. La Realidad Aumentada y el eCommerce. Centennials. Esta generación hizo sentir viejos a los Millennials.

- **Generación Y 1981-1993** – Millennials- Inicio de la digitalización – Gran fuerza laboral y de consumo. 25% de la fuerza laboral actual a nivel mundial.
- **Generación X 1965 -1979** – Obsesivos por el éxito -Periodos de grande crisis.
- **Generación Baby Boom 1945 -1964** - La ambición dominaba acciones. Paz mundial y explosión demográfica.
- **Generación silenciosa 1920-1944** Niños de la Post Guerra. Austeridad – Respeto a las instituciones.

Cabe destacar que la Generación Y, o sea la de los Millennials es la que hoy en día atrae la atención de todos los sectores, de ahí que le hemos dado un lugar de preferencia en este libro y ellos se mueven en base a las cuatro **Ies**: **Internet - Inmediatez - Irreverencia e Incertidumbre** y son los que han cambiado en gran medida los escenarios de la mayor cantidad de actividades y representan más de un 25% de la población mundial y en la misma relación en los EE. UU.

Para ellos, los distintos tipos de realidades es lo más común ya que han visto nacer la tecnología y la usan en gran medida como algo que en ciertas ocasiones es parte de su vida, de sus costumbres y de los medios que frecuentan. Ahora esta generación se impresiona por estos nuevos adelantos y los viven con gran intensidad.

A ellos los define muy bien, ya que se mueven también en base a otras cuatro letras sobre las que giran en torno y son las *"4C"*: *Ciencia, Cambio, Creatividad y Cooperación*, y tienen gustos especiales para reservar pasajes, hacer compras en general, planear sus viajes, leer revistas, seguir procedimientos, buscar trabajos, como distribuir sus tiempos, pago de sus cuentas, como y donde estacionar, definir en qué eventos les agrada participar y que leer y de dónde.

Los Centennials en cambio vivieron los primeros pasos del Metaverso y sus juegos, ya que son los que entienden mejor su uso y el de los distintos avatares para comunicarse con sus amigos. Han comenzado a entender mejor que nadie, el uso práctico de los "TOKENS".

Ahora las Empresas Familiares del Futuro tienen que ir sumando a todas las actividades que representen a esta generación y que tanto impacto tienen hoy en día en el mundo de los negocios y en especial dentro de las empresas familiares.

Ellos son críticos, exigentes, reformistas, poco materialistas, muy comprometidos, digitales, individualistas, adictos a los APPs en especial a las redes sociales, específicamente para seleccionar eventos y es lo que más nos interesa enfatizar, ya que es importante su participación en todo tipo de empresas y para nosotros en nuestras Misiones Comerciales y eventos.

Esta generación prioriza cinco elementos, para ellos claves:
- **Primero: Redes Sociales.**

Pre-evento: La mejor herramienta para su difusión.
Durante el evento: Que sucede en tiempo real: #hastag- Instagram- Facebook y Pinterest.
Post evento: Ideales para fidelizar. Hacer seguimiento y evaluarlos.

- **Segundo: Influenciados por personalidades.**

Búsqueda de inspiración a través de personas influyentes. Les encanta los casos de éxitos y los tratan de usar como ejemplos. Curiosamente no les interesan demasiado las carreras tradicionales y la mayoría aspira a enriquecerse, pero de una forma inmediata.

- **Tercero: Tecnología e innovación como forma de vida.**

Para ello la tecnología en los eventos, grandes foros y el acceso a buenas revistas mejora la experiencia de los asistentes y los lectores. Ejemplos son CES (Consumer Electronic Show) de Las Vegas, mes de enero y eMerge de Miami. Ellos viven conectados más de 6 horas por día.

- **Cuarto: Sostenibilidad. The Green Effect.**
Eventos donde se ponga de manifiesto gran cuidado por el medio ambiente donde se muestre que se minimiza el impacto en el mismo. Para ellos son claves todos los artículos vinculados a la sustentabilidad ya los nuevos enfoques de economías, como la Circular y la Naranja.

- **Quinto: Desarrollo de todas las actividades del evento en espacios creativos.**
Para ellos los espacios deben ser lo más naturales posibles, originales, reconvertidos, bien diferentes, de moda, con mucho verde y colores atractivos.

Los que integran esta generación son adictos a la Economía Naranja, o sea a la que tiene que ver con la Cultura y la Creatividad y ven, por ejemplo, a la Realidad Extendida, Aumentada y Virtual como algo normal que ya forma parte de gran cantidad de sus acciones. Lo mismo sucede con su gran acercamiento a la Inteligencia Artificial (AI), Robótica, uso de Chatbots, modelos Generativos y Learning Machines.

En empresas familiares que son muchas en todos nuestros países, en la mayoría de los casos son los que causan problemas en la tradicional cadena de y traspaso generacional, ya que a ellos les cuesta reconocer y entender la importancia de la jerarquía.

Cabe destacar que tras los Millennials ya están entre nosotros los que integran la Generación Z, y según Núria Vilanova e Iñaki Ortega, autores de "Generación Z, ellos son los jóvenes que hacen sentir viejos a los Millennials. A ellos se los conoce como Generación Centennials, Generación Móvil o Post-Millennials.

"Sangre nueva y diferente de nativos digitales que se caracterizan por dominar la tecnología como una prolongación de su propio cuerpo y que representan una nueva forma de consumidores que altera el clásico ciclo de negociación y cierre de ventas".

Los Millennials fueron criados en un entorno de alta tecnología que viven súper conectados y llevan a cabo varias tareas a la vez, siendo los reyes del tradicional Multitasking y del uso de los Wearables.

Según informes de la OIT y de las Conferencias del Congreso Hemisférico de CAMACOL, es interesante tener en cuenta que para fines del 2024 los representantes de esta generación van a integrar más del 50% de la fuerza laboral a nivel mundial y 10 años después, cubrirán alrededor del 75% de esta fuerza.

Ellos trabajan en forma diferente, el largo plazo de sus planes de negocios no es igual a los que estábamos acostumbrados con las otras generaciones y un total de 1.800 millones de Millennials en el mundo, marcan una verdadera diferencia en los actuales escenarios de negocios.

Algunas de las características que más identifican a los Millennials son la de priorizar el bienestar, la privacidad, hacer culto a la amistad, el formar parte de un grupo, el tratar de cumplir rigurosos horarios, no tener paciencia para esperar los asensos y hacer una carrera en una empresa determinada.

Su comportamiento, su entrega al trabajo, la forma de hacer gran parte de sus acciones a través de Whatsapp, es un ejemplo concreto del cambio de paradigma que se está llevando a cabo en estos nuevos escenarios de negocios con la convivencia de los representantes de esta generación.

Además, van a desarrollar gran parte de su vida bajo la influencia de IoT (Internet of Things) que llega cada día con más fuerza y en especial de la Realidad Aumentada y hoy en día van a ser unos de los mejores en adaptarse a los cambios que provoque la incursión de la AI el Metaverso y la tokenización en nuestras vidas.

Ellos viajan de una forma diferente, seleccionan un restaurante y sus platos también diferente, después de verificar en línea que opinan sus pares y que es lo que ellos dicen de un determinado lugar. Usan más las pantallas de sus teléfonos móviles y tabletas que las de los propios televisores y computadoras.

Según Accenture, el 94% de los jóvenes de esta generación

son usuarios de la banca online y, más allá, siete de cada 10 estadounidenses, son usuarios acérrimos de todos los servicios relacionados con la forma que viven. Son parte proactiva del mundo de las criptomonedas y todo para ellos esta tan solo a un "Click" de distancia.

Apps como Uber y AirBNB ahora tan difundida en el sector de turismo y sombra negra del mundo hotelero, son ejemplos o resultados de lo que sucede con gran cantidad de actividades que estábamos acostumbrados a realizar, ahora que son impactadas por una fuerza de cambio muy especial que todo lo transforma. Hoy en día estamos siendo objeto del impacto de un verdadero tsunami tecnológico que afecta nuestros hogares, nuestras vidas, nuestras oficinas, fábricas, lugares de entretenimiento, escuelas y universidades.

Los representantes de la Generación Y se encuentran en promedio más de 6 horas por día conectados y a través de sus dispositivos, hacen gran cantidad de cosas concurrentemente, disfrutan de buena música, chatean, hablan y trabajan, todo al mismo tiempo.

Ellos poseen otra capacidad de concentración y realmente saben ir muy bien de la mano de la tecnología y aunque ellos se sienten interiormente sangre nueva, no son demasiado extrovertidos para decirlo, ya que para ellos es natural su forma de proceder. Algo muy común que los caracteriza, es su sed de aprender, de progresar y de aportar nuevas ideas.

Todas las generaciones anteriores se caracterizaban por algo especial, como por ejemplo los Baby Boom, la "X", y la llamada a generación silenciosa, pero ahora es el momento de la generación "Y" con sus miembros que por su nivel en el uso de la tecnología los hace algo únicos y diferentes y en especial esta última que aún no tiene un nombre bien definido y que hemos llamado Generación "META".

Todo es importante conocerlo, analizarlo y entenderlo, ya que de una forma u otra va a tener impacto en la definición del Empresario y Empresa Familiar del Futuro.

Algo especial de destacar que en estos días se da el caso de que representantes de 5 generaciones pueden formar parte e interactuar en algunas empresas como es el caso de la Empresa Familiar Nro. 1 del mundo: Walmart.

LAS 5 GENERACIONES

- TRADICIONALISTAS
- BABY BOOMERS
- GENERACION X
- MILLENNIALS
- GENERACION Z

Fuente: BarGPT y CEFF

"Una maquina puede hacer el trabajo de 50 hombres corrientes, pero no puede hacer el de un hombre Extraordinario."
Elbert Hubbard

Capítulo VIII
Principales Predicciones

A.   Introducción

Durante años que estuve dando clases en varias universidades y congresos sobre el tema de Empresas Familiares, Innovación y Tecnología y el Ecosistema de la Inteligencia Artificial y sus aplicaciones, siempre me apoyé muy seriamente en los temas de las variadas predicciones difundidas normalmente por grandes empresas multinacionales, centros de Investigación y desarrollo y por reconocidos profesionales del nivel de Elon Musk, Bill Gates, Thomas Watson, presidente de IBM y otros.

Desde mis primeros pasos en el mundo de la computación, trabajando en un principio en IBM Argentina y posteriormente a tener responsabilidades a nivel regional, me identifiqué como un enamorado y adicto a las predicciones.

No sólo me dediqué a estudiarlas, investigarlas y hacerlas, sino a preparar mis clases en base a las que consideraba las más importantes e inclusive estudiar las hechas por grandes personalidades algunas de las cuales resultaron fallidas y hoy en día que me encuentro dedicado a escribir este nuevo libro, me enfrento nuevamente a este tema y esta vez por ser parte de este mundo de crecimiento exponencial, estas predicciones no dejan de aparecer por todos lados y las mismas van a impactar sin duda, todos los sectores en los que nos movemos.

B. Predicciones fallidas.

Al poder llegar a presentar algunas de las características más importantes de los cambios que se aproximan con el advenimiento de Metaverso, Metaversity y la misma Inteligencia Artificial, que impactan a las Empresas Familiares, sus ventajas y limitaciones e inclusive los problemas que nos pueden llegar a traer, me siento muy motivado a presentar nuevamente una serie de predicciones que van a llegar a interactuar con gran parte de la humanidad.

Aprovechando también este capítulo, voy a mencionar algunas increíbles predicciones consideradas fallidas que han tenido gran repercusión en los medios, especialmente por el nivel de las personas que las hicieron.

Como tema relevante, me vino a la memoria las maravillosas predicciones de Nostradamus y también uno de los eventos más importantes en los que me tocó participar en los primeros pasos de la Internet a mediados de la década de los 90 y fue en la Ciudad de Cancún, en México cuando me invitaron mientras ocupaba la posición de Director de la Internet Society para Iberoamérica a presidir una reunión Internacional de Innovación y Tecnología en la que participaron los presidentes de la empresas de Telecomunicaciones de la misma región.

En ese entonces ALCATEL, AT&T, MCI y Telefónica de España, Telintar, Telecom y Clarín tenían un liderazgo muy especial en el mundo de la Internet.

El tema que más cautivó a la audiencia fue el de la presentación de las más famosas predicciones erróneas de la historia. Uno de los conferencistas fue el Ing. Juan Villalonga Navarro, ex presidente de Telefónica de España (1996-2000), quien antes de hacer su presentación se disculpó en tono jocoso conmigo por mi pasado como Gerente de Ingeniería de Sistemas de IBM, ya que yo estaba oficiando de Chairman de ese evento.

Villalonga detalló las siguientes predicciones erróneas, algunas muy conocidas, pero otras fueron realmente increíbles y que causaron gran sorpresa.

Estas son esas predicciones:
"Las computadoras del futuro podrían llegar a pesar poco más de 1 tonelada y media". (Publicado en un artículo de la revista Mecánica Popular en el año 1949).

"Creo que existe un mercado mundial para unas cinco o tal vez hasta seis grandes computadoras". (Thomas Watson, presidente de IBM, 1943).

"He viajado a lo largo y ancho de este país y he hablado con las personas más preparadas, y puedo asegurar que el procesamiento de datos es una moda pasajera que no durará más de un año". (El editor encargado de libros mercantiles de la editorial Prentice Hall, 1957).

"Pero... ¿para qué sirve esto?" (Pregunta que hizo el Ingeniero de la División de Sistemas Avanzados de Computación de IBM, 1968, comentando sobre el microchip).

"No existe ninguna razón para que alguien quiera tener una computadora en casa" (Ken Olson, presidente, director y fundador de Digital Equipment Corp., 1977).

"Ese 'teléfono' tiene demasiados defectos como para ser considerado un medio de comunicación serio. El dispositivo no tiene ningún valor inherente para nosotros". (Memorando interno de la Western Union, 1876).

"La caja de música sin cables no tiene un valor comercial imaginable. ¿Quién iba a pagar por enviar un mensaje a nadie en particular?".

"Las máquinas voladoras más pesadas que el aire son imposibles" (Lord Kelvin, presidente de la Royal Society, 1895).

Steve Jobs, fundador de Apple Computer Inc. Se sorprendió en forma notable del hecho que las firmas Atari y HP no se interesaran por la computadora personal que él y Steve Wozniak querían diseñar.

"¿Excavar en busca de petróleo? ¿Quieres decir perforar el suelo para intentar descubrir petróleo? ¡Estás loco!" (Los perforadores que Edwin L. Drake intentó contratar para su proyecto de búsqueda de petróleo en 1859).

"Las acciones han alcanzado lo que parece ser una meseta permanentemente alta".
Irving Fisher, profesor de Economía en la Universidad de Yale, 1929.

"Todo lo que puede inventarse ya ha sido inventado" (Charles H. Duell, Alto Comisario de la Oficina de Patentes de los Estados Unidos, 1899.

"La teoría de los gérmenes de Louis Pasteur es una ficción ridícula". Pierre Pachet, profesor de fisiología en Toulouse, 1872.

"El abdomen, el pecho y el cerebro, permanecerán por siempre cerrados a la intrusión de la sabiduría de los cirujanos". Sir John Eric Ericksen, cirujano británico, nombrado cirujano mayor de la reina Victoria, 1873.

"640K deberían de ser más que suficientes para cualquier tipo de computadoras". (Bill Gates, 1981).

"100 millones de dólares es demasiado dinero para pagar por Microsoft". (IBM, 1982).

Varios autores han definido a las principales características y nosotros en nuestro primer evento del 2022 que organizamos con el apoyo de varias cámaras de comercio internacionales, centros de empresas familiares, federaciones de cámaras y empresas que vienen desarrollando trabajos en este tipo de tecnologías, nos tomamos la responsabilidad de tratar de aglutinar algunas de las que se presentaron en los mismos y que nos parecieron más destacables.

Aprovechamos a los más de 350 registrados al evento y logramos obtener algunos comentarios de ellos y muy interesantes mensajes sobre estos temas, que tratamos de sintetizar a continuación y que nos ayudaron a darle más forma a este grupo de características de varios de los aspectos más relevantes sobre lo que estaba sucediendo con la convergencia de tecnología y la misma inteligencia artificial.

Se tuvo en cuenta que el Metaverso es simplemente considerado la Internet del Futuro en un mundo tridimensional y virtual y con las siguientes consideraciones:

- Junto a la Inteligencia Artificial es el punto de convergencia de varias tecnologías.
- Posee una arquitectura abierta y centralizada donde surge la 3D.
- Posibilita acceso a grandes oportunidades de Negocios.
- Facilita la interacción con gran variedad de dispositivos y gente de todas las edades.
- Es un mundo de inmersión total donde no existen los límites.
- Abierto para todo tipo de mercados.
- Facilita la realización de Conciertos Virtuales.
- Representa una nueva forma de llevar a cabo el Comercio Electrónico.
- Es el nexo entre la Revolución Industrial 4.0 y la nueva 5.0.
- Metaverso es simplemente la representación de una metáfora del Mundo Real.
- Posibilita el uso de avatares que nos pueden representar con imágenes digitales.
- No posee fronteras aparentes de ningún tipo.
- Representa el nacimiento de una nueva generación, la denominada "META".

- Es la mejor plataforma para la generación y gestión de NFTs.
- Usa la tecnología Blockchain. (Ethereum) y los contratos inteligentes.
- Se mueve en varios modelos en base al uso de criptomonedas.
- Facilita la creación del nuevo modelo de turismo.
- Permite estudiar varios idiomas de una forma simple práctica.
- Nos llega o impacta a todos sin excepción.
- Es una nueva forma de representar ciudades y oficinas en general.
- Las universidades y sus campus surgen en forma virtual.
- Interactúan varias generaciones juntas.
- Algunos profesionales definen a esta nueva tecnología como la plataforma para operar oficinas gubernamentales, alcaldías, embajadas y consulados.

C.   Nuevas Predicciones

En cuanto a las predicciones para el periodo 2022-2030 con respecto a la escalabilidad de Ethereum, el metaverso, las finanzas descentralizadas (defi), los tokens no fungibles (NFT), DAO y algo más, me resulta importante remarcar que existe una gran cantidad que circulan hoy en el Ciberespacio y he tratado después de haber hecho un exhaustivo análisis de las mismas, seleccionar las que para mí, podrían llegar a tener mayor impacto en esta carrera imparable que vivimos como resultado de la Transformación Digital en pleno desarrollo y que no deja de impactar a todo tipo de empresas y en especial a las familiares.

Tanto Bill Gates como Mark Zuckerberg, Martín Tetaz, Yuval Harari, Surojit Chatterjee (Director de productos de Coinbase), Italo Torrese, Vicepresidente CAMACOL y Presidente de Softlanding Global, Vicente Pimienta (Google Coach) y Elon Musk, aparte de otros especialistas no dejan de hacer predicciones y de la gran cantidad existente, he seleccionado las que para mí van a tener un mayor impacto, en todos nuestros futuros pasos.

Estas predicciones que se han seleccionado cubren una variedad de temas criptográficos, incluida la escalabilidad de ETH, la tecnología a prueba de conocimiento cero, las finanzas descentralizadas (defi), los tokens no fungibles (NFT), Blockchain, Tokenización, PROPTECH y el Metaverso. Estas son algunas de ellas:

Los NFT se convertirán en la próxima evolución de la identidad digital y el pasaporte de los usuarios al metaverso. Las plataformas de metaversos creados por los usuarios serán el futuro de las redes sociales y amenazarán las versiones centralizadas impulsadas por anuncios de estas redes.

"Las marcas comenzarán a participar activamente en el metaverso y los NFT y el Metaverso serán el nuevo Instagram para todo lo que tenga que ver con identidad corporativa. para las marcas". Todas las empresas que hoy se encuentran operando con el concepto de Web2 en cuanto a la presentación de sus servicios y productos a través de sus websites tratarán de introducirse en este nuevo nivel de desarrollo que es el Web3. No cabe duda de que son varias las empresas que van a terminar creando versiones de red centralizadas y cerradas del Metaverso incluyendo en su imagen de dimensión 3D.

Con respecto a "DEFI" regulado y el "advenimiento de la atestación KYC (Know Your Customer) en cadena", están diseñados para proteger a las instituciones financieras contra el fraude, la corrupción, el lavado de dinero y el financiamiento del terrorismo.

KYC es una clara medida de seguridad que implica varios pasos para: primero el establecer la identidad del cliente; en segundo lugar, comprender la naturaleza de sus actividades y finalmente calificar que el origen de los fondos es legítimo. Esto se va a popularizar sin duda todo nivel en las Empresas Familiares, transformando a las mismas y a todos sus empresarios que las integran.

En un futuro inmediato las instituciones desempeñarán un papel mucho más importante en la participación de "DEFI". El crecimiento de la certificación DEFI regulada y KYC en cadena ayudará a las instituciones a ganar confianza en el nuevo escenario de las transacciones. Las empresas del sector Finance Tech ya representan una realidad y en continuo crecimiento.

Otro de los grandes que marcan pasos en el mercado financiero ante cualquiera de sus iniciativas y decisiones es Elon Musk quien siempre, de una forma u otra pone sobre la mesa algunas de las tendencias más importantes que nos afectarán en nuestro futuro inmediato.

Él ha demostrado que aparte de ser millonario, es uno de los personajes más destacado y visionario y todo lo que hacen sus distintas empresas vinculadas al mundo de la tecnología, incluyendo Tesla, SpaceX, Boring Company o Neuralink no dejan de impactar en mercado de las criptomonedas y del mismo Metaverse y la AI.

Es por eso por lo que sus predicciones resultan particularmente interesantes. Las hizo durante la CODE Conference, en entrevista con Kara Swisher, hace ya casi tres años. Entre otras cosas explicó en ese entonces como las criptomonedas, los robots humanoides y la misma Inteligencia Artificial empezarán a tener cada vez más importancia en todo lo que nos rodea y afectan a nuestras vidas y que para muchos no deja de preocupar esta situación.

Lo más importante para Musk va a ser el uso masivo de AI Generativa, que ya lo vemos hoy, o sea los modelos del tipo ChatGPT, Bear, Bing y su propio denominado "Grok", su interfaz con la Internet y la Inteligencia Artificial.

Las criptomonedas tendrán cada vez más relevancia y uso, dado que son tan importantes para nuestro futuro y pueden llegar a reducir el poder de gobiernos centralizados. El asegura que ni China ni Rusia están conformes con esta situación y van a hacer lo imposible por bloquear todo desarrollo de las criptomonedas y ya han comenzado a tomar algunas medidas. Después de un año de gran caída del BITCOIN en estos días del mes de enero de 2024, comenzó a producirse una gran recuperación y se abrieron nuevas expectativas de inversiones y tembló nuevamente el mundo de las divisas, y de los tres grandes: Oro, Criptomonedas y Fiat Money se encuentran a la defensiva.

Musk asegura que cualquier forma de divisas no tiene poder por sí mismo, excepto como un intercambio de valor entre personas, tratando de explicar el funcionamiento intrínseco del dinero, incluyendo las criptomonedas. Con sus decisiones en más de una oportunidad ha hecho temblar el mercado, especialmente el de las criptomonedas y lograr por ejemplo que el Bitcoin fluctúe de una forma increíble ante sus variados anuncios y adquisiciones.

Starlink es la compañía fundada por él, dentro de SpaceX para ofrecer Internet por medio de una cadena de satélites. Además, con menor latencia y conexiones mucho más estables. Esto mismo intentó hacer Bill Gates hace ya casi 20 años, pero al final fue un proyecto que no tuvo éxito.

Al ser el servicio satelital, se puede obtener conexión a internet en cualquier lugar del mundo usando tan solo una antena. Recientemente Starlink tuvo un gran hito al interconectar sus satélites en el espacio, por lo que uno ubicado sobre África puede usar la conexión a internet que obtiene desde una base en América.

De acuerdo con Elon Musk, Starlink está diseñado para servir a zonas donde no hay conexiones rápidas a internet. "Será de ayuda para darle poder a aquellas personas que no lo tienen". Refiriéndose al hecho que, con una conexión satelital, no se depende de las regulaciones locales con relación a los distintos proveedores de Internet.

Otra de sus grandes predicciones es la que considera que la llegada de los robots humanoides será inevitable. Musk lleva ya tiempo hablando de los posibles problemas que puede generar el uso de la inteligencia artificial en el futuro de la sociedad. Musk ve a la "AI" como una de las grandes amenazas que todos tenemos que enfrentar, pero en estos días aclara que, si perdemos el temor al cambio y nos preparamos, reaccionamos y entendemos nuevos desarrollos se le va a sacar el máximo provecho a todas estas tecnologías.

Bill Gates dentro de sus predicciones, asegura que en menos de 3 años Metaverso e AI albergarán la mayoría de las reuniones de su oficina y de gran cantidad de Oficinas Familiares. El predijo algo muy importante sobre el futuro del trabajo y cómo podría cambiarse con el surgimiento del metaverso, los mundos virtuales construidos por compañías tecnológicas como Meta (Anteriormente Facebook) y Microsoft, donde los usuarios podrán trabajar, jugar y socializar. Gates señala que ahora más que nunca, existe una gran flexibilidad para los empleados que desean trabajar de forma remota.

Para él, los avatares 3D asistirán a reuniones en un espacio de oficina virtual donde se va a interactuar con los avatares de sus compañeros de trabajo.

Enfasys en su website y en relación al tema AI, Metaverso y tokens en general, presenta unas prediccicones muy intersantes de un destacado grupo de ejecutivos.En este lugar se plantea el hecho de que para muchas empresas surgió la necesidad de rinventarse y replantear tanto funciones así como tambien responsabilidad corporativa. Se presentan los cambios que van a surgir en términos del futuro del trabajo hasta la IA, las NFT (Token no Fungibles) y el mismo metaverso.

"Para los Empleados de Empresas del Futuro: tendrán que estar de acuerdo que las organizaciones que dan a los empleados lo que más desean -flexibilidad, autonomía y elección sobre dónde, cuándo y cómo trabajar- serán las más eficaces a la hora de atraer y retener a los mejores talentos".

Los empleados serán el principal grupo de interés para las empresas. Tiffany Bova, evangelista de crecimiento global, Salesforce, asegura que aquellas empresas que sean capaces de crear un entorno para un mayor compromiso y participación de los empleados disfrutarán de unas tasas de crecimiento de los ingresos significativamente mayores. Surge una nueva generación de empleados que ya se los denominan "Meta" manejados y dirigidos por los Empresarios del Futuro.

Los CEOs deben impulsar la colaboración entre los equipos de negocio y de TI para que el trabajo sea fluido.

En los próximos años, cuando todo el mundo continue trabajando desde cualquier lugar, las distintas oficinas ahora convertidas en sedes digitales seguirán siendo más importantes que las tradicionales físicas.

En un futuro inmediato, más empresas buscarán implementar una estrategia que permita a sus equipos acceder fácilmente a las aplicaciones y los datos que necesitan para hacer su trabajo de la manera más eficaz y a distancia.

Los Empresarios de todo tipo de organización, en especial las del futuro seguramente deberán impulsar la colaboración entre los equipos de TI como los de negocio para que accedan, desbloqueen e integren los datos y las aplicaciones de una manera segura. El Big Data jugará un rol clave y más aún el acceso a las distintas bases de datos que lo constituyen.

Ante el trabajo digital y virtual se vaticina la muerte del horario tradicional o sea el de 9 AM a 5 PM.

El enfoque de lo "Digital Primero" y el "Paperless Office" va a ser el que las empresas van a adoptar si es que desean lograr atraer y retener a los mejores talentos, y dotar a los empleados de la flexibilidad necesaria para realizar su mejor trabajo y en especial intercomunicarse de una forma mucho más eficaz y sustentable.

Ya en estos días, principios del 2024, un mayor número de empresas familiares tratan de acercarse a estos modelos y se replanteará "cuándo|, y no sólo "dónde", se realiza el trabajo.

Todas las investigaciones que se realizaron en el Foro del Futuro han puesto en evidencia que el 93% de los trabajadores quieren flexibilidad de horarios, y que dar a la gente más control sobre sus calendarios aumenta la productividad, rendimiento y disminuye el estrés ante cualquier situación pandémica como la que se vivió por culpa el Covid 19.

También mejora de forma desproporcionada la vida laboral de diversos grupos, especialmente de las mujeres con hijos.

Con una sede general digital, herramientas de colaboración asíncronas y acuerdos a nivel de equipo que limiten las horas en las que se espera que los compañeros estén de guardia y «sincronizados», podemos reducir las reuniones y dar a la gente más libertad para estructurar sus días, desbloqueando una mayor productividad y un mayor compromiso en el proceso.

Nunca han sido mayores las expectativas de que las empresas enfrentan de los grandes desafíos del mundo, desde el cambio climático hasta la creciente desigualdad. Para ello, las empresas y los financiadores deben pasar del modo reactivo al proactivo. No podemos esperar a que ocurra otra catástrofe: tenemos que invertir ahora en la fortaleza y la resistencia de nuestras comunidades. Este trabajo empezará por abordar las desigualdades y mantener a los más alejados del éxito en primera línea. – Naomi Morenzoni, Vicepresidenta Senior de Filantropía de Salesforce.

Las organizaciones responsables deben dar prioridad a la ética de los datos. Con el cambio impulsado por la pandemia que nos tocó vivir, hacia los espacios digitales, hay un mayor sentido de la responsabilidad en torno a la ética, la privacidad y la seguridad de los datos. Sectores enteros del mercado se convirtieron en administradores de datos sensibles por primera vez debido a la pandemia. Desde los viajes y el transporte hasta la hostelería, las empresas habrán adaptado una mentalidad reflexiva con respecto a los datos, pasando a recogerlos y utilizarlos de la forma más adecuada posible. Paula Goldman, Directora de Ética y Uso Humano de Salesforce.

Este año hemos asistido a la propuesta y aprobación de una serie de nuevas normativas sobre IA en Estados Unidos y otros países. Estas normativas han dado lugar a varias empresas emergentes que ofrecen productos de gobernanza de la IA y proveedores de ética como servicio (EaaS). Las empresas que están desarrollando la IA crearán cada vez más sus propias ofertas de EaaS dentro de sus organizaciones de servicios profesionales. Veremos una carrera para contratar a especialistas en ética de la IA para cumplir con las nuevas regulaciones, lo que hará que los especialistas en ética de la IA sean aún más solicitados que los desarrolladores de la IA. – Kathy Baxter, arquitecta principal, práctica de IA ética.

La generación de lenguaje natural (NLG) transformará los negocios.

La generación de lenguaje natural (NLG) ya ha empezado a aparecer en las aplicaciones de consumo, como el «autocompletado» de Gmail. En 2022, veremos el auge del NLG en las aplicaciones empresariales (por ejemplo, los sectores de marketing y comercio utilizarán motores de NLG para generar textos de marketing y sitios web). También veremos diferentes formas de NLG, como el resumen, que se utilizará en los sectores de ventas y servicios, para escribir resúmenes de llamadas y reuniones de Zoom, a veces citando elementos de acción. También se generalizará la respuesta a preguntas. Como resultado, la creación de chatbots será menos laboriosa porque los chatbots aprenderán a «leer» las bases de conocimiento y autogenerarán las respuestas adecuadas a las preguntas. Esto no sólo ahorrará una enorme cantidad de tiempo y recursos, sino que permitirá a las organizaciones de todos los sectores tener experiencias de cliente más significativas e impactantes. – Marco Casalaina, Director General de Salesforce Einstein, Salesforce

Hablar a texto se convertirá en hablar a código.

El año pasado vimos cómo la IA es capaz de generar su propio código para construir sistemas de comunicación cada vez más complejos. Seguiremos viendo el crecimiento tanto de la

IA que puede escribir su propio código en diferentes lenguajes de programación, como de la que permite a las personas simplemente decir sus instrucciones. Estos motores «speech-to-code» generarán imágenes, vídeos y código mediante órdenes naturales sin preocuparse de la sintaxis, el formato o los símbolos. Diga «Quiero una imagen de una jirafa púrpura con manchas naranjas, alas y ruedas en lugar de patas» y vea lo que genera la IA. – Yoav Schlesinger, director de Ethical AI Practice, Salesforce

Las marcas pioneras buscarán la utilidad a través de las NFT.
Las marcas han estado jugando con las NFT durante los últimos 18 meses, aunque estos esfuerzos se han centrado principalmente en el arte y la novedad. La Oficina de Correos de EE.UU. acaba de lanzar sellos como NFT, pero esos sellos son sólo arte y no tienen más utilidad que su posición dentro de una colección. La novedad del arte es sólo el valor inicial de lo que puede ser una NFT. Para aprovechar todo su potencial, las marcas van a tener que empezar a crear utilidad a través del token. Time es un gran ejemplo. Lanzaron TimePieces, que es un coleccionable y tiene utilidad. Cada NFT concede al propietario acceso ilimitado al contenido de Time, acceso a eventos especiales y algunas otras pequeñas ventajas. En 2022, vas a oír hablar mucho más de los NFT, y habrá ganadores y perdedores. Los ganadores dejarán de lado los NFT como simples coleccionables para encontrar una mayor utilidad a través del token. – Mathew Sweezey, Director de Estrategia de Mercado, Salesforce

Hacer sitio al metaverso para gestionar las cadenas de suministro globales.

En 2021, todo el mundo zumbó sobre el metaverso, con los casos de uso iniciales aplicados al mundo del consumidor, como la asociación de Nike con Roblox, para crear un mundo virtual. Lo que sorprendió a muchos fue lo rápido que se adoptó el concepto de metaverso para la gestión de la cadena de suministro global. Ahora, los ejecutivos pueden «recorrer» las operaciones de su cadena de suministro desde su silla en casa o su escritorio en el trabajo. ¿Quieren un informe de situación del director de la planta de Tailandia o de Taiwán? ¿O saber qué está pasando en las operaciones de envío en China o en los puertos de Los Ángeles o Long Beach?

Estas nuevas versiones de las torres de control de la cadena de suministro no se producirán de la noche a la mañana. Requerirán inversiones continuas en grandes herramientas de visualización, mejoras en las plataformas de integración para manejar los flujos de vídeo en tiempo real y el acceso a muchos sistemas dispares.

También van a requerir herramientas de colaboración de alto rendimiento que permitan a los ejecutivos mantener conversaciones en tiempo real para determinar el mejor curso de acción. – Bruce Richardson, jefe de Estrategia Empresarial, Estrategia de Mercado, Salesforce.

*"Cada uno ama
al árbol que le da cobijo."*
Proverbio ruso

Capítulo IX

Algunas Conclusiones y Recomendaciones

A. Ayudas externas

Al definir como título de este libro "El Empresario y Empresas Familiares del Futuro" surgió el compromiso de presentar como cierre y en forma ordenada y práctica algunas conclusiones y recomendaciones.

Cuando hace años presenté algo similar, pero para el libro "Embajador y La Embajada del Futuro", durante mis funciones en la Organización de Estados Americanos, los cambios de paradigmas no eran tan rotundos y los adelantos tecnológicos se sucedían, pero no con la frecuencia y fuerza que apreciamos en estos días.

Hoy con más de 10.000 diarios en líneas, salen en los mismos, noticias sobre tecnologías que impactan en todos los órdenes de nuestra vida y no dejan de crear una gran ansiedad y presión por estar actualizados, por ser parte proactiva de esta carrera innovativa.

Quien se iba a imaginar hace no más de 10 años que podía ocurrir que todos nosotros podíamos ser representados en diversas reuniones y eventos por los ya conocidos "AVATARES", que ciertos algoritmos y modelos generativos podían llegar a contestar preguntas de lenguaje naturales como lo hace Chat GPT, Bear, YOU, Grok y otros y pasar la prueba de Turing, es decir no estar en capacidad de diferenciar si la contestación era hecha por una computadora o un ser humano.

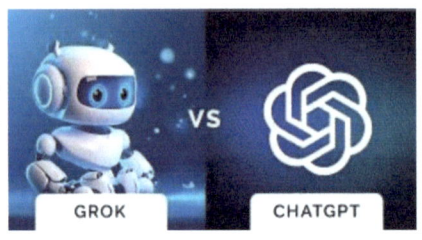

Esta prueba fue presentada por Turing en su artículo publicado en el año 1950 titulado: "Computing Machinery and Intelligence" mientras trabajaba en la Universidad de Manchester y en cierta medida marcó el nacimiento de la Inteligencia Artificial.

Todo esto llega a las empresas, y dado que 9 de cada 10 son familiares, todo parece indicar que estas olas de cambios no dejan de impactar a las mismas y a todos sus miembros.

"Un ejemplo de cómo incursionan en nuestras vidas estos modelos generativos es, yo consulté a uno de ellos (ChatGPT) mientras estaba trabajando en este capítulo y le pedí ayuda para presentar algunas recomendaciones para mis queridos lectores y en especial para los empresarios y directivos de estas empresas y de inmediato esto es lo que me respondió.

"El cierre de un libro sobre "Empresas Familiares del Futuro" podría presentar diversas conclusiones claves que resuman los temas y aprendizajes abordados en el libro.

Aquí tienes algunas posibles conclusiones:
Adaptación a la Tecnología: Destacar la importancia de la adopción y adaptación continua a las tecnologías emergentes para garantizar la relevancia y competitividad de las empresas familiares en un entorno empresarial en constante evolución.

Gestión del Cambio Generacional: Abordar la necesidad de una transición suave y efectiva entre generaciones en la dirección de la empresa, fomentando la comunicación abierta y la planificación estratégica para asegurar la continuidad y el éxito a largo plazo.

Cultura Empresarial: Resaltar la importancia de una sólida cultura empresarial basada en valores compartidos, ética empresarial y responsabilidad social para construir una identidad empresarial sólida y atraer a talentos tanto dentro como fuera de la familia.

Innovación y Creatividad: Subrayar la necesidad de fomentar la innovación y la creatividad dentro de la empresa familiar, alentando la participación de todos los miembros y explorando nuevas oportunidades de negocio para asegurar la sostenibilidad a largo plazo.

Gobernanza y Estructuras Empresariales: Destacar la importancia de establecer sólidas estructuras de gobernanza que regulen las relaciones familiares y empresariales, evitando conflictos y asegurando una toma de decisiones efectiva.

Sostenibilidad y Responsabilidad Ambiental: Reconocer la creciente importancia de la sostenibilidad y la responsabilidad ambiental en el mundo empresarial actual, instando a las empresas familiares a adoptar prácticas comerciales responsables.

Colaboración y Redes: Enfatizar la necesidad de establecer colaboraciones sólidas y redes tanto dentro como fuera de la familia, aprovechando el poder de las conexiones para impulsar el crecimiento y la innovación.

Resiliencia Empresarial: Subrayar la importancia de la resiliencia empresarial en tiempos de incertidumbre, alentando a las empresas familiares a desarrollar planes de contingencia y estrategias de gestión de riesgos.

Estas conclusiones pueden ofrecer a los lectores una visión integral de los desafíos y oportunidades que enfrentan las empresas familiares en el futuro, así como orientación sobre cómo abordarlos de manera efectiva".

B.   ¿Qué deberíamos hacer?

Yo sé que para poner un elegante broche de oro a este libro y además usted pueda recomendar su lectura, tengo que terminarlo con la presentación de algunas recomendaciones que sirvan de guías prácticas para que los lectores las lean y cuenten con una gran ayuda para sumarse a estos cambios que no dejan de presionar y lo más importante ser parte de estos.

Esta es mi recomendación:

- Leer cada una de las notas agregadas en el Cap. X, ya que presentan el sentir de un grupo de destacados especialistas que hace años se encuentran familiarizados con este tipo de empresas, sus actividades y participan en los eventos más importantes y son parte proactiva de los cambios que se producen.

- Poner especial atención con la marca o identidad corporativa, ya que en algunas ocasiones un logo atractivo con un mensaje adecuado a manera de slogan ayuda a representar la clave y el atractivo para apoyar tareas de mercadeo y consolidación.

- Resaltar la importancia de una sólida cultura empresarial basada en valores compartidos, ética empresarial y responsabilidad social para construir una identidad empresarial sólida y atraer a talentos tanto dentro como fuera de la familia. Esto se debe ver reflejado en la clara preparación de la Visión y Misión de la empresa, pero totalmente consensuada. A dónde y cómo quiero llegar. Esta parte es clave ya que tiene que ver con la inclusión de representantes de nuevas generaciones en la empresa, y por lo tanto planear una transición suave y efectiva entre ellos en lo que tenga que ver con la Gobernanza y la misma dirección de la empresa, fomentando la comunicación abierta y la planificación estratégica para asegurar la continuidad y el éxito a largo plazo.

- Tener en cuenta que, para competir, para moverse mejor en los nuevos escenarios de negocios es clave la adopción y adaptación continua a las tecnologías emergentes para garantizar la relevancia y competitividad de las empresas familiares en un entorno empresarial en constante evolución.

- No se puede dejar de resaltar el gran beneficio de lograr una sólida cultura empresarial basada en valores compartidos, ética empresarial y responsabilidad social para construir una identidad empresarial sólida y atraer a talentos tanto dentro como fuera de la familia.

- Para mí, el darle importancia y relevancia a la necesidad de fomentar la innovación y la creatividad a todo nivel dentro de la empresa familiar, alentando la participación de todos los miembros y explorando nuevas oportunidades de negocio para asegurar la sostenibilidad a largo plazo es algo más que la clave del éxito.

- Demás está decir que hay que darle mucha importancia al desarrollo de estructuras sólidas de gobernanza donde se regulen todas las relaciones familiares y empresariales, evitando conflictos y asegurando una toma de decisiones efectiva y siempre bien documentadas.

- Subrayar la importancia de la resiliencia empresarial en tiempos de incertidumbre, tratando de tener preparados buenos planes de contingencia y estrategias de gestión de riesgos. Periódicas revisiones a los Business Plan de la empresa. Aquí, se pueden presentar problemas, porque según varios estudios realizados, algunos de ellos en los que he participado, son muy pocas las empresas familiares que tienen desarrollados y actualizados y consensuados buenos planes de negocios. Esto representa un buen llamado de atención para asegurarse la existencia de estos planes.

- Al Empresario del Futuro jamás le pueden faltar estos planes. Hay que tener muy en cuenta la creciente importancia de la sostenibilidad y la responsabilidad ambiental en el mundo empresarial actual, instando a las empresas familiares a adoptar prácticas comerciales responsables, es otras de las claves del éxito para las Empresas Familiares del Futuro.

- No dejar de usar la gran cantidad de herramientas brindadas por empresas como Google y Microsoft, y de varias redes sociales, que ayudan a las empresas a lograr una mayor visibilidad de ellas, sus servicios y productos y lo más importante en forma gratuita.

- Enfatizar la necesidad de establecer colaboraciones sólidas y redes tanto dentro como fuera de la familia, aprovechando el poder de las conexiones para impulsar el crecimiento y la innovación.

No tengo dudas que estas recomendaciones y/o conclusiones pueden ofrecer al lector un deseo de actualizarse y una visión integral de los desafíos y oportunidades que enfrentan día a día y la forma de salir al encuentro de todas las nuevas tecnologías que abordándolas en forma efectiva pueden ayudar a que se logre el éxito deseado.

Está demostrado que la familia es el corazón de la empresa familiar. Es importante que todos los miembros estén comprometidos con el éxito de la empresa y que haya un buen entendimiento de los roles y responsabilidades de cada uno. El mundo está cambiando a un ritmo cada vez más rápido. Las empresas familiares deben ser capaces de adaptarse a estos cambios para mantenerse competitivas.

En otras de las reuniones de trabajo con mis colaboradores y con un grupo de especialistas analizamos las recomendaciones planteadas y solicité la necesidad de definir solo 3 como para los empresarios del futuro y se llegó a la siguiente conclusión:

** 3 Recomendaciones **
➡ **Inviertan.**
➡ **Adapten.**
➡ **Construyan.**

**1. ** Invertir para sumar talentos a la empresa. El talento es el activo más valioso de cualquier empresa, y las empresas familiares no son una excepción. Se debe invertir en la formación y el desarrollo de sus empleados, tanto de la familia como de fuera de ella. Esto les ayudará a estar preparadas para los retos del futuro y a prosperar en un entorno competitivo.

**2. ** Adaptarse a los cambios. El mundo está cambiando a un ritmo cada vez más rápido, y las empresas familiares deben adaptarse a estos cambios para mantenerse competitivas. Esto significa estar abiertas a nuevas ideas, adoptar nuevas tecnologías y cambiar sus modelos de negocio cuando sea necesario.

**3. ** Construir una cultura de confianza y comunicación. La confianza y la comunicación son fundamentales para el éxito de cualquier empresa, pero son especialmente importantes en las empresas familiares. Las empresas familiares deben crear una cultura de confianza y comunicación abierta entre todos los miembros de la familia, tanto los que trabajan en la empresa como los que no. Esto ayudará a evitar conflictos y a tomar decisiones más acertadas.

Estas recomendaciones son generales, pero se pueden adaptar a las necesidades específicas de cada empresa familiar y si ellas siguen estas recomendaciones estarán mejor preparadas para afrontar los retos y oportunidades del futuro.

C. Modelo EEFF.
Esta nueva sigla que he creado y que representa este mensaje "Ecosistema de las Empresas Familiares del Futuro", es la que uso normalmente para el cierre de mis presentaciones en los distintos foros que me toca participar y a través de la cual vínculo a todos estos temas de innovación, tecnología, AI, proyectos disruptivos y su impacto en la sociedad.

Cuando damos algunas cifras de las empresas familiares aclarando que las mismas representan el 80 y 90 % de todas las empresas a nivel mundial, nos damos cuenta el peso que tienen las mismas en la economía y el PBI al mismo nivel.

Hemos definido a esta sigla "EEFF" para englobar un grupo de especiales y actualizados temas y tecnologías que se usan de base en estos tiempos de tantos cambios y presiones innovadoras, especialmente para desarrollar sus productos y servicios a fin de lograr el mejor nivel de competencia, cumplir con su visión y misión y lo más importante llegar a satisfacer las necesidades de los clientes.

Fuente: Barnews Research Group

** E. E. F. F. **
Ecosistema de las Empresas Familiares del Futuro

* Business Plan	* Vision/Misión	* Gobernanza
* Organigrama (Talentos)	* Protocolos	* Gestión de riesgos
* AI - Blockchain	* Tokenización	* Smart Contracts
* DEFI – Mobil APPS	* PropTech	* Telefonía IP
* Imagen Corporativa	* Financiamiento	* Mercadeo. S. Media
* Atención Clientes - CRM	* Logística	* eCommerce
* Gestión Patrimonial	* Convenios	* Deudas

Queda demostrado que la base para el éxito de cualquier iniciativa familiar tiene mucho que ver con el grado de felicidad y bienestar con el que cuente la familia y la forma de comunicarse entre ellos. La paz y la satisfacción interna de cada uno de sus miembros es la clave del éxito.

Vemos en esta imagen, que son variados los elementos de este ecosistema, pero todos tienen su nivel de importancia, ya que con la serie de cambios de paradigmas que se presentan a diario, los directivos de estas empresas se ven obligados a prepararse mejor, aceptar la mayor cantidad de cambios posibles y sumarse a la corriente innovadora.

El tener muy definido un plan bien consensuado, buena visión, misión y objetivos de la empresa, que representa a dónde se quiere llegar y cómo hacerlo, ocupa un lugar clave en la organización y todos aseguran que es la base del éxito.

Cuando hablamos del "Empresario del futuro", nos imaginamos uno que se tiene que apoyar en gran cantidad de estos elementos del ecosistema definido. Los Millennials viven con el conocimiento básico de todas estas técnicas y lo manejan de tal forma natural que a veces se crean problemas entre sus compañeros de las empresas de otras generaciones y edades por faltas en comunicaciones.

Las empresas familiares tienen necesidades únicas a medida que buscan el éxito a través de sus respectivas generaciones que se van incorporando. Si bien, por supuesto, tienen el mismo objetivo que sus contrapartes no familiares en cuanto a buscar el éxito empresarial a largo plazo, las empresas familiares también tienen en cuenta su deseo de construir un legado intergeneracional, equilibrado con los diversos deseos de los miembros de la familia y con protocolos muy bien definidos.

Desafíos como estos muestran lo difícil que puede ser afrontar las tareas racionales de dirigir una empresa con los elementos más emocionales de la dinámica familiar. Los líderes de empresas familiares duraderas equilibran estas agendas de desempeño personal y empresarial incorporando factores clave de éxito para facilitar la cohesión familiar, el crecimiento empresarial y la preservación de la riqueza a largo plazo.

Cuando las familias propietarias de empresas crecen significativamente en número y complejidad, la definición de un claro plan de sucesión se vuelve imperativo.

La comunicación es clave. Las familias exitosas preservan la cohesión implementando un marco de gobernanza sólido, comunicándose regularmente y planificando la sucesión. Están preparados para gestionar conflictos y tomar en serio la contribución de cada miembro de la familia. Este enfoque ayuda a transferir valores y principios fundamentales de propiedad y, simultáneamente, crea oportunidades futuras.

Cuando analizamos este cuadro de los elementos del Ecosistema queda implícita la necesidad de que las autoridades de las Empresas Familiares den atención especial a las necesidades del negocio y tengan oportunidad de analizar las mismas, documentarlas y buscar un total acuerdo entre todos los miembros de la empresa a fin de definir las estrategia y plan de acción para satisfacerlas.

En una de las encuestas que realizamos cuando concluimos una misión comercial en Argentina llevada a cabo en el auditórium de la Cámara de Comercio y Servicios "CAC" de ese país en la que tuvimos unos 250 participantes, la mayoría estuvieron de acuerdo, que las familias exitosas adoptan el cambio y fomentan el espíritu emprendedor entre las sucesivas generaciones de miembros de la familia a medida que la empresa se desarrolla y cumple con sus objetivos y expectativas definidas.

Cada día mas se suman a los adelantos tecnológicos y en general no les queda duda que es la única forma de poder permanecer exitosas como empresas si logran conjugar las variables que resultan de todos los cambios que se presentan y de la innovación misma.

Con el advenimiento de las nuevas generaciones que se incorporan a las distintas empresas y la gran corriente de variables que surgen con los nuevos proyectos con contenido disruptivo, el no reaccionar a tiempo puede resultar catastrófico para la empresa.

Lamentablemente se percibe que estas empresas poseen activos propios y los privados de sus miembros que se suelen entremezclar, siendo esta una de las causas de problemas de entendimiento.

D.   Conclusión.
Cuando comencé este nuevo libro me dio temor de no poder llegar como deseaba al final ya que son tantos los cambios que se suscitan en este tema, que parece imposible tratar de estar con deseos y motivación de seguirlos, entenderlos y aplicarlos. Todos los especialistas que me ayudaron y se sumaron al último capítulo no dejaron de alentarme, felicitarme por esta idea de pensar en este y agradecerme el que les haya dado la oportunidad de alguna manera ser parte de este libro, de este proceso de cambio y tener oportunidad de colocar sus ideas, sus recomendaciones y sus experiencias de la forma que lo hicieron.

A mí, no me cabe duda de que, con todas estas notas, me ayudaron a darle más nivel a este libro permitiendo a los lectores conocer la posición de un increíble número de profesionales seleccionados para que brindasen este gran aporte.

Yo en especial, pensaba que este capítulo, el de las "NOTAS", debería ser una invitación a participar a una gran Ronda de Negocios Virtual, en la que aparezcan todos los especialistas que aportaron sus experiencias y es algo que vamos a anunciar en el momento del lanzamiento de este libro, para invitar a todos aquellos que se interesen con el tema a fin de llevar a cabo este evento.

Les confieso que cuando llegué a este punto del libro, me dio un deseo de comenzar de nuevo y de hacer gran cantidad de agregados a todo lo escrito, ya que, durante el desarrollo de cada nuevo capítulo, iban surgiendo cosas que me motivaban en gran manera, para modificar los anteriores. No me pasó algo similar con otros libros escritos, pero por el tema de este y su relación con las empresas familiares en un escenario tan cambiante es muy entendible lo sucedido.

Otra de las conclusiones que me encanta compartir es el hecho que cuando yo creé mi propia corporación o miniempresa familiar de tan solo dos miembros: Barnews Research Group y asumí la Presidencia secundado por mi querida Sra. Silvia, ya hace casi 20 años, comenzamos con esta nueva iniciativa.

Yo venía con gran experiencia de mis años como Gerente de IBM, primero en Argentina y posteriormente en Ecuador. Mientras ocupaba esa posición, participaba como Keynote Speaker en temas de tecnología en diferentes países y en una de esas ocasiones fui invitado por el Embajador Alejandro Orfila a ingresar a la OEA (Organización de Estados Americanos), lugar donde el oficiaba de secretario general.

Ahí trabajé en su Gabinete como asesor y como jefe del Centro de Capacitación a cargo del diseño e implementación del sistema de Información de este organismo, posición que me permitió estar en contactos con representantes de numerosas empresas familiares de varios países miembros y tuve la oportunidad de familiarizarme con este tipo de negocios.

Después de esta posición pasé a hacer algo similar en el Banco Interamericano de Desarrollo, BID. Posteriormente participé en varios eventos organizados por las Naciones Unidas en China.

Fue en ese entonces donde empecé mi nueva carrera como consultor internacional y me desempeñé como director Internacional del World Communication Association – WCA y estuve en contacto con especialistas de más de 20 países, visitándolos y firmando acuerdos y organizando conferencias, sobre temas de Ciudades Digitales, Smart Cities y Tecnología en General. Ahí me tocó trabajar en Singapur ayudando a las autoridades del gobierno nacional a crear su propia Ciudad Digital e Inteligente.

Fue después de esa experiencia con los organismos y gran cantidad de cámaras de comercio y diarios en líneas a los que ayudaba a creer sus versiones, mientras daba apoyo al Grupo Clarín, durante su proceso de creación de su diario en línea, me dediqué 100% a trabajar en este tipo de proyectos a ayudar a empresas familiares a hacer negocios y armar sus oficinas.

Cuando me quise dar cuenta, estaba en el centro del ciclón creado por la Internet Society donde me desempeñé como director para Iberoamérica, organizando conferencias y llevando a cabo el lanzamiento del dominio .COM. en 26 países.

Barnews Research Group es una empresa familiar, que tuvo un comienzo muy exitoso ya que representaba el escenario de negocios que resultaban de los grandes cambios que provocaban el advenimiento y la fiebre de a Internet y de todas las empresas que se sumaban a este movimiento.

La publicidad representó el área donde se obtenían grandes ganancias y los primeros años, con una fábrica de Websites (Web 1.0) que había creado, no dejábamos de crecer y disfrutar de solidos beneficios.

De la misma forma que se dice que *"No hay mal que dure 100 años"*, en los negocios ocurre algo similar y se producen cambios por nuevas competencias que parecen y formas de negocios. De pronto cambió bruscamente el negocio publicitario de diarios y estudios que se hacían a través de la Internet y nosotros fuimos un poco víctimas de los mismos.

Este libro que he publicado es exactamente el que me hubiese gustado leer hace unos años, ya que me hubiese ayudado acomodarme mejor a este mundo cambiante. Del legado que estamos dejando con mi Sra. puedo hablar muy poco, ya que mis dos hijos ambos profesionales con muy buen nivel académico y que trabajan en otras áreas, no tuve la suerte de que se hayan sumado a esta aventura, causa por la cual, el único legado que estamos dejando con Silvia son los libros y White Papers que hemos editado.

Capítulo X

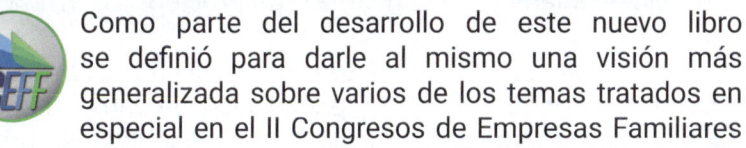

Notas de especialistas en la materia

Como parte del desarrollo de este nuevo libro se definió para darle al mismo una visión más generalizada sobre varios de los temas tratados en especial en el II Congresos de Empresas Familiares que se dictó en forma presencial en la Ciudad de Miami el día 30 de noviembre y 1ro. de diciembre, la posibilidad de agregar un capítulo especial con las notas y/o entrevistas de un grupo de especialistas con organizadores y expositores con los que he compartido varios de estos eventos en los últimos años.

Me pareció interesante apreciar como este tema tratado desde varios sectores y por reconocidos especialistas podría ser una gran ayuda para brindarle a mis queridos lectores un sinnúmero de nuevos elementos y enfoques.

Invitamos a participar a más de 15 profesionales profesores y consultores internacionales muy activos que durante años estuvieron manejando temas vinculados a este tipo de empresas y a los distintos cambios que les tocó vivir para adaptarse en cuanto al impacto de la tecnología que no deja de girar en torno tanto en lo que sígnica la propia "Gobernabilidad" como también de las distintas técnicas que llegan a las empresas ayudándoles a todo su personal a que cuenten con nuevas herramientas para que las mismas puedan llegar a ser mucho más competitivas.

Cada uno de estos colaboradores se sumaron a lo que llamamos el comienzo de una "Ronda de Negocios Virtual y Continua" y abrieron las puertas para los que lo deseen se pueden comunicar con cada uno de ellos, hacer peguntas, intercambiar ideas y crear un nuevo espacio para sumar experiencias y difundir casos de éxito.

A través del CEFF -Centro d Empresas Familiares del Futuro y junto a Italo Torrese, el vicepresidente de esta activa organización, estamos en contacto con gran cantidad de centros de varios países de Latinoamérica y en especial con sus representantes como es el caso de la Dra. Natalia Christensen de Argentina, presidenta del ILAEF y del Dr. Sergio Parra, presidente del Capítulo de Miami de esta misma organización.

Directivos de CAMACOL, FEBICHAM, Miami Oportunidad, Softlanding Global y REBITI y presidentes de varias cámaras de comercio y también inmobiliarias y reconocidas empresas familiares siguieron muy de cerca el desarrollo de este libro y aportaron magníficas ideas para que el mismo tomase el nivel deseado.

También tuvimos en cuenta BarGPT, mi Chatbot, partner y gran colaborador que me acompañó muy de cerca en el libro anterior (2084) y que se encuentra muy actualizado, como fiel representante de los modelos generativos que hoy en día se suman a todas nuestras acciones.

Yo pensé que me iba a costar mucho conseguir colaboradores para darle vida a este capítulo, y sin embargo cuando lo anuncié a un primer grupo seleccionado, nadie dejó de dar un gran voto de apoyo con increíble entusiasmo y sumarse de inmediato a esta nueva iniciativa.

No se imagina lo que significó para mí y todo mi equipo recibir los primeros aportes y comenzar a sumarlos a este libro, con el que a medida que avanzo, me pregunto por qué no lo escribí antes.

El Empresario y la Empresa Familiar del Futuro

Estos son los especialistas que se sumaron para ser parte de este capitulo:

Sergio Parra. Presidente ILAEF – Chapter Miami.

Natalia Christensen Zaracho, Presidente ILAEF Global.

Enrique Ortega, Partner PWA Family Office- Asesor Financiero

Patricio Sepúlveda. Presidente FEBICHAM.

Italo Torrese, presidente Softlanding Global

Jorge Zumaeta, director FIU.

Salvatore Tomaselli, Profesor Universitario

Luis Gerardo Castillo, Economista/Inversionista Financiero

Capítulo X- Notas de especialistas en la materia

José Alejandro Garagarza, presidente de ACUMEN

Mario Golab, Intellectual Property

Sylvia Testa, directora Centro de Inteligencia Artificial CAECE (CAC)

Alfredo Amigorena, Consultor Internacional

Ricardo Monticelli, Ministro Plenipotenciario

Sebastian Krupkin, Desarrollador y Analista de Sistemas de Información

Oscar Lema, Fundador Finaer.
Ver Página 67

BarGPT, Partner Miami Oportunidad y de CEFF

"Aquel que corre buscando dinero, se aleja de la paz."
Proverbio africano

Dr. Ing. Mario S. Golab, MBA, MIP
Abogado de Patentes y Propiedad Intelectual (1 de 37,226 registrados ante el USPTO)
• 20+ años asesor legal de inventores y emprendedores [JD, LLM (IP) (U New Hampshire '01)]
• 10+ años gerente de empresas multinacionales [MBA (Int'l Mgmt) (Thunderbird '87)]
• 6+ años de ingeniero [Técnico Aeronáutico (FAA '74), Ingeniero Aeronáutico (Technion-IIT '80), Diseñador de VLSI (UC Berkeley '84)], Ingeniero de Sistemas
• Conferencista: OMPI(UN), U. Austral, U. de Guadalajara, Technion-IIT, MDC, MAU, etc.
• AVVO.com 1055 preguntas de PI respondidas, 4 guías legales, numerosos artículos sobre Patentes, Marcas, Derechos de Autor, Licencias, Startups.
• 7 idiomas, 112 países visitados, curioso insaciable.

Propiedad Intelectual
en la Empresa Familiar

Crecí en Buenos Aires, Argentina, una ciudad de varios millones de habitantes, en un barrio de clase media donde todo lo que necesitaba mi familia estaba dentro de un círculo de menos de 200 metros de radio.

Tres almacenes (tiendas de abarrotes/pulperías/colmados) estaban ubicados a menos de 100 metros de la puerta de mi casa y nos abastecían de todo lo que necesitábamos en materia de comida. Una panadería, situada a menos de 50 metros de mi casa, inundaba con aroma de pan fresco las veredas aledañas. La fábrica de pastas frescas, la carnicería, la verdulería, la rotisería, la ferretería, la farmacia, la sastrería, la tienda de caza, pesca y deportes, la librería, varios restaurantes, pizzerías, heladerías y todos los negocios que uno pueda necesitar completaban los puntos dentro del círculo cuyo epicentro era mi casa.

Los padres manejaban el negocio y los niños jugábamos al fútbol en las calles de menos tráfico vehicular. Así los chicos recibían el apodo correspondiente al negocio de los padres, Raúl el panadero, Mario el mueblero (mi padre tenía una mueblería), Marcelo el almacenero, etc.

Hasta el cine Sol de Mayo, que no solo pasaba películas sino la obra de teatro ocasional estaba dentro del círculo caminable. Todavía puedo ver el friso grabado con el nombre Sol de Mayo y el logo en el frente del edificio que hoy alberga otro negocio. Pero no solo existían negocios de ventas de tangibles. Negocios de bienes raíces, oficinas de médicos, dentistas, contadores, y otros profesionales tenían las puertas identificadas con un cartel hecho de bronce lustrado a brillo máximo todos los días por el dueño de la casa o por el encargado del edificio donde trabajaba el profesional.

Más allá de caminar por la memoria de tiempos pasados, la reflexión que provoca esta nostalgia es que todos los negocios eran empresas familiares. Las fábricas y las grandes empresas se concentraban en áreas específicas alejadas donde los trabajadores/empleados tenían que acceder por medios de transporte.

Los recursos crediticios de la banca no estaban disponibles para estas empresas familiares. El crédito estaba limitado a los recursos financieros de la propia familia y a lo que un proveedor ocasional otorgaba. Este límite de recursos financieros hacía que estas empresas familiares no pudieran expandirse, mejorar, o reinventarse, sin correr riesgos existenciales y por ende una y otra generación vivía de lo que producía y legaba el emprendimiento familiar.

La penetración de grandes emprendimientos, a través de cadenas de negocios fácilmente identificables por una marca, hizo estragos y diezmaron la versión de empresas familiares que yo conocía. Cadenas de supermercados, cadenas de farmacia, cadenas de negocios de ropa, cadenas de todo tipo de negocios, brotaron en pocos años y el círculo que hacía que todo estuviera a mi alcance se expandiera de 200 a 10.000, o más, metros. El cine Sol de Mayo no se adhirió a ninguna cadena y murió ignorado por los mismos empresarios familiares que no supieron qué hacer con su propio destino.

Los hijos y futuros herederos de estos emprendimientos familiares tuvieron que ir a la escuela a reinventarse por primera vez en muchas generaciones. Yo, que tenía la fortuna de tener un padre y una madre emprendedores, y la posibilidad de heredar cualquiera de sus profesiones, tuve que reinventarme como ingeniero, un poco por vocación, pero más aún por saber que si no me preparo para el futuro no iba a poder tener el estilo de vida que mis padres me dieron de niño.

La tecnología llegó un poco tarde para la generación en transición, pero llegó. Las herramientas de comercialización a través de la internet, la logística avanzada y eficiente, el acceso universal a la información, y otros factores inexistentes hace tan solo 40 años, hizo que hoy las empresas familiares puedan competir de igual a igual con grandes emprendimientos. Tal nivel de competitividad doméstica e internacional hizo que mi círculo se redujera drásticamente y pueda ser satisfecho por empresas familiares que están a tan solo 0.5 metros de mi (la distancia del teclado a mis ojos).

Hoy en día, las empresas que otrora habían generado las condiciones de desaparición de las empresas familiares, con una competencia despiadada, tienen que competir con empresas familiares que no están atadas a costos fijos enormes y pueden con una máxima eficiencia y agilidad ganarles a los dinosaurios atados con "brick and mortar".

En adición a las nuevas tecnologías habilitantes y a nuevos medios de promoción, como los "influenciadores", nuevas reglas de juego comienzan a aplicarse por igual a pequeñas y grandes empresas.

La principal novedad para las empresas familiares pequeñas es la consideración de la propiedad intelectual. Esta consideración es de suma importancia ya que convierte al mercado en un campo legalmente minado, literalmente hablando. Resulta ahora que ignorar las reglas de juego puede resultar en juicios paralizantes, confiscaciones de mercadería, y hasta prisión para el infractor, que efectivamente mata un emprendimiento gerenciado a la vieja usanza.

En todo este nuevo mundo competitivo las reglas de juego son más complicadas porque las empresas juegan en un mundo multidimensional. Dentro de esta novedad y complicación está la protección de la propiedad intelectual. Me refiero específicamente a las marcas, secretos comerciales, patentes, y derechos de autor.

Las marcas son la identidad comercial y reflejan el reconocimiento del consumidor por un producto o servicio, por eso existe una gran tentación de subirse a la estela de éxito de una marca reconocida. Usando la marca en sí o generando una marca aproximada, que potencialmente puede confundir a un consumidor, es garantía de un costoso juicio por infracción. Infelizmente en las guerras por capturar un poco más segmento de mercado las empresas poderosas no juegan muy limpio e inician juicios de infracción, aun sin tener todos los méritos, y resulta devastador para un pequeño emprendimiento.

Crear una o más marcas propias parece una tarea hercúlea, pero es una minúscula inversión que paga con creces y evita juicios innecesarios, sobre todo si se compite con algún gigante empresarial. La marca es como una caja de ahorros donde se acumulan a través del tiempo toda la reputación de los productos o servicios comercializados por la empresa. Efectivamente cuando se valore la empresa, la marca resultará igual al valor que resulta después de restar los activos y pasivos de una empresa.

Quizás el activo de propiedad intelectual que genera un emprendimiento al nacer son los secretos comerciales, que incluyen los planes de negocio, canales de distribución, planes de promoción, proveedores, financistas, y contratos comerciales, entre otros activos. Sin embargo, en el viejo esquema de empresa familiar, donde todo estaba abierto a quien quisiera detenerse a observar el concepto de secreto comercial/industrial, no era siquiera considerado un activo y por lo tanto no era relevante.

Los secretos comerciales/industriales añaden valor substancial a cualquier emprendimiento. Solo piensen en la fórmula de las bebidas gaseosas más famosas, los 57 ingredientes del kétchup, la mayoría de los cosméticos y perfumes, e innumerables secretos más.

Los secretos más importantes son los generados al concebir el emprendimiento, por eso es necesario firmar acuerdos de confidencialidad con quien hablemos del emprendimiento, explicando claramente que no pueden discutir el tema confidencial incluso con sus familiares o amigos.

Solo debemos conversar acerca de nuestros planes con gente que necesita saber del tema para poder ayudarnos. Además, si, por ejemplo, un ingrediente o proceso es vital para el éxito de un producto, este debe ser incorporado en un lugar físico separado. No menos protección merece los archivos contables, listas de clientes, proveedores, y distribuidores. Toda persona que no necesite saber no debe saber, incluso el personal de limpieza, contratistas y todo ajeno con acceso, aunque sea parcial, debe firmar un acuerdo de confidencialidad.

Aunque menos común, los emprendimientos basados en ideas novedosas, útiles y no-obvias merecen obtener una o más patentes de invención. Estos emprendimientos necesitan la guía de profesionales legales especialistas en el tema, pues una patente es un activo que concede un monopolio absoluto en un país y por ende genera una tensión inmediata con otros competidores existentes con productos alternativos.

Muchas veces una empresa importa un producto que es legal y no infringe ningún derecho de propiedad intelectual en el país donde fue adquirido, pero el producto en sí, o un componente de este, está patentado en el mercado donde se lo quiere comercializar. Esta situación es más frecuente de lo que se piensa y resulta cuando el inventor solo registra la patente en el país donde comercializa el invento, pero no lo hace en el país donde lo fabrica. Esta violación no-intencional no se diferencia de una violación intencional y resulta en castigos onerosos que frecuentemente son fatales.

Lo más benevolente que puede ocurrir en esta situación es que las aduanas detengan y destruyan el producto importado, resultando en una pérdida financiera pero no el colapso de la empresa.

Todos los productos basados en expresiones artísticas, como la música, literatura, pinturas y esculturas, son protegidos por el derecho de autor. La posibilidad de digitalizar, transmitir y regenerar una obra digital en cualquier lugar del mundo a un costo relativamente bajo ha creado un sinfín de posibilidades comerciales. La impresión de cualquier texto, existente o agotado, en una impresora de alta velocidad crea un segmento de mercado inexistente hace poco tiempo, y al mismo tiempo entra en el campo minado de la propiedad intelectual. Impresoras 3D (tridimensionales) pueden recrear una escultura creada o recreada digitalmente con un nivel de similitud asombrosa.

El problema comienza por detectar si existen derechos de autor, luego confirmar si el autor es realmente el autor o es un operador, algo nada fácil con las nuevas tecnologías de inteligencia artificial y sensores disparadores. Finalmente llegar a obtener los derechos de autor que correspondan. Todo esto debería ser manejado por un especialista pues este también funciona como un seguro contra la intencionalidad y reduce el castigo estipulado en la ley.

Así como las oportunidades hoy existentes permiten que una empresa familiar compita mano a mano con un gigante transnacional, la empresa necesita desde un primer momento de asesores legales experimentados que los guíen en el campo minado de la propiedad intelectual.

Otro nuevo factor habilitador para una empresa familiar es la proliferación de plataformas en internet que sirven no solo para vender sus propios productos sino los de sus competidores. Estas plataformas no solo incluyen la vitrina digital donde se realiza el mercadeo, sino que además ofrecen sus eficientes servicios de logística, almacenamiento y hasta de contabilidad. Básicamente el empresario que usa estas plataformas no necesita más que una computadora con acceso a internet más un producto con su marca registrada. Efectivamente el vendedor nunca ve su producto físico, ya que este es comprado de un fabricante y enviado directamente a la sede de logística de la plataforma.

Entre las empresas que hoy proveen este servicio se encuentran Amazon, eBay, Mercado Libre, Temu, Shein, Etsy, Alibaba, y muchas plataformas más, que operan como vitrinas digitales que agilizan y habilitan el comercio, permitiendo que las empresas familiares vuelvan a retomar el estrellato.

Salvatore Tomaselli Ph.D.
Profesor de la Universidad de Palermo, Escritor y conferencista internacional. Gran conocedor del mundo empresarial familiar y activo consultor internacional.

Las transformaciones de la gobernanza

Las transformaciones de la gobernanza de la empresa y de la famillia empresaria frente a las innovaciones tecnologicas disruptivas y los cambios en el entorno social.

El análisis de diversas fuentes revela que las empresas familiares están experimentando transformaciones significativas en su gobernanza debido a las innovaciones tecnológicas disruptivas y los cambios sociales. Estas transformaciones pueden categorizarse en varios ámbitos:

Política: La gobernanza en la empresa familiar puede verse influenciada por la estabilidad política y las regulaciones gubernamentales que fomenten la inversión en tecnología y la innovación. Los órganos de gobierno deben ser conscientes de las políticas que favorecen la digitalización y cómo estas pueden ser aprovechadas para el crecimiento y la adaptabilidad de la empresa familiar.

La gobernanza corporativa se ve afectada por la necesidad de incorporar principios de sostenibilidad y responsabilidad social, un compromiso que se está convirtiendo en un distintivo de las empresas familiares y que se alinea con un enfoque multigeneracional en la creación de valor para todos los grupos de interés. Las empresas familiares que integren la sostenibilidad en su estrategia corporativa no solo sobrevivirán sino que prosperarán en el futuro (KPMG España).

Economía: El impacto económico de las tecnologías disruptivas puede alterar los modelos de negocio tradicionales. Las empresas familiares que se adapten rápidamente a estas tecnologías serán más competitivas y rentables. La gobernanza debe asegurar la inversión en innovación y tecnología para impulsar el crecimiento y la productividad.

Las empresas familiares están invirtiendo significativamente en innovación y gestionan este proceso de manera más eficiente que las empresas no familiares, reflejado en una mayor cantidad de patentes e innovaciones de producto por inversión realizada. Esto señala una tendencia hacia una mayor agilidad y capacidad de respuesta frente a las disrupciones del mercado.

(https://www.ie.edu/insights/es/articulos/la-transformacion-digital-la-empresa-familiar-legado-velocidad-clientes/).

Sociedad: Los cambios demográficos y las nuevas expectativas de los consumidores demandan una mayor cercanía y comprensión de sus necesidades. Las empresas familiares deben adoptar una mentalidad de transformación digital que coloque al cliente en el centro de su estrategia, lo cual afectará a las estructuras de gobernanza interna y a la forma en que interactúan con sus stakeholders

La nueva generación de empresas familiares está adaptándose a un ecosistema de negocio cambiante, con una mayor interacción con terceros y una apreciación del valor de la digitalización y la innovación como una oportunidad de crecimiento y desarrollo de nuevos modelos de negocio.

Tecnología: Las empresas deben ser capaces de integrar nuevas tecnologías, como la inteligencia artificial y el big data, para mantenerse al día con las tendencias del mercado y las demandas de los consumidores. La gobernanza debe incluir la supervisión de la adopción tecnológica y la capacitación de los empleados
La adaptación a las nuevas tecnologías es uno de los principales desafíos para las empresas familiares. La digitalización se ve como una herramienta de mejora operativa y es fundamental para la transformación de los negocios, permitiendo a las empresas ser más proactivas y no solo reactivas a los cambios del mercado (KPMG Tendencias).

Medio Ambiente: Las preocupaciones medioambientales están llevando a las empresas a adoptar prácticas sostenibles y a considerar el impacto ecológico de sus operaciones. La sostenibilidad y el impacto medioambiental son cada vez más importantes para las empresas familiares. Hay un enfoque creciente en asegurar la empresa para la siguiente generación, lo que implica un pensamiento a largo plazo y una consideración significativa del impacto social y ambiental de las acciones empresariales (El Economista). La gobernanza de empresas familiares necesitará incluir políticas de sostenibilidad y posiblemente designar comités específicos para supervisar su cumplimiento.

Legislación: La regulación en torno a la privacidad de datos, la ciberseguridad y la propiedad intelectual seguirá siendo una consideración clave para las empresas que se embarcan en transformaciones digitales. Las estructuras de gobernanza deberán asegurarse de que sus empresas cumplan con las leyes pertinentes y protejan tanto los intereses de la empresa como los de sus clientes.
En el ámbito legislativo, la incorporación de miembros no

ejecutivos e independientes en las juntas directivas que posean experiencia en temas clave es una tendencia creciente. Estos cambios estructurales son en respuesta a la necesidad de cumplir con estándares de gobernanza más estrictos y promover la transparencia y la sostenibilidad a largo plazo (BID Invest).

Es posible formular algunas hipotesis sobre cómo estas transformaciones impactarán en las empresas familiares:

Mayor énfasis en la sostenibilidad: Las empresas familiares integrarán cada vez más prácticas sostenibles en sus estrategias corporativas para mejorar su legado a largo plazo y su competitividad en el mercado.

Transformación digital y gestión de riesgos: La transformación digital seguirá siendo una prioridad y se integrará en la agenda de los comités de auditoría y consejos de administración, asegurando que la empresa esté preparada para futuras disrupciones del mercado y oportunidades tecnológicas (KPMG México).

Innovación como diferenciador clave: La inversión en innovación será un factor distintivo que diferenciará a las empresas familiares, permitiéndoles no solo seguir siendo relevantes sino también liderar en términos de desarrollo de productos y servicios innovadores (EY e IE University).

Desarrollo de la próxima generación: La capacitación y el desarrollo de las futuras generaciones de líderes familiares serán fundamentales. Se invertirá más en su educación y comprensión de la empresa, fomentando una transición suave y preparada para el futuro de la gobernanza familiar (KPMG México).

Evolución de estructuras de gobernanza: Las empresas familiares evolucionarán desde estructuras de gobernanza informales hacia formas más formalizadas y estratégicas, con la incorporación de consejos asesores y directivos independientes para abordar cuestiones estratégicas y garantizar la implementación de prácticas de buen gobierno (FundsPeople España).

Diversificación y expansión: Las empresas familiares se enfrentarán al desafío de diversificar y expandirse en nuevos mercados y sectores, lo que requerirá una gobernanza que pueda manejar la complejidad de una empresa en crecimiento y mantener la cohesión y los valores familiares (Deloitte).

Cambio generacional y diferencias de valores: A medida que las empresas familiares pasen de una generación a otra, surgirán desafíos relacionados con diferencias en valores y puntos de vista. La gobernanza deberá adaptarse para equilibrar y alinear los intereses de los miembros de la familia con los de la empresa, considerando las sensibilidades contemporáneas y las demandas sociales (El Economista).

Basados en estos puntos, se pueden formular las siguientes hipótesis sobre cómo la gobernanza en empresas y familias empresarias evolucionará:

Hipótesis 1: La gobernanza de empresas familiares se volverá más dinámica y adaptable, con una mayor inclusión de políticas de respuesta rápida para aprovechar oportunidades tecnológicas y de mercado.

Hipótesis 2: Las estructuras de gobernanza podrían volverse más planas, con menos jerarquías, para fomentar la innovación y la toma de decisiones rápida, necesarias para competir en un entorno tecnológico en constante cambio.

Hipótesis 3: La necesidad de equilibrar tradición y modernización conducirá a una fusión de prácticas de gobernanza, donde los valores tradicionales de la empresa se integrarán con estrategias de vanguardia en tecnología y gestión del cambio.

Hipótesis 4: Los consejos de administración de empresas familiares podrían ampliar su composición para incluir expertos en tecnología y sostenibilidad, así como asesores legales especializados en nuevas regulaciones relacionadas con la transformación digital.

Hipótesis 5: La responsabilidad social corporativa y la ética en los negocios ganarán más peso en las decisiones de gobernanza, respondiendo a las demandas sociales de transparencia y equidad.

Esta evolución será acompañada por el desarrollo y la difusión de herramientas como la inteligencia artificial, el metaverso y los hologramas. Estas tecnologías tienen el potencial de influir significativamente en las dinámicas, los procesos y el funcionamiento de los órganos de gobierno de las empresas y de las familias empresarias.

En el ámbito empresarial, la Inteligencia artificial aportará, presumiblemente, los siguientes beneficios:

1. **Toma de Decisiones Mejorada:** La IA puede analizar grandes volúmenes de datos para identificar patrones y tendencias que pueden no ser evidentes para los humanos, lo que lleva a una toma de decisiones más informada y estratégica.

2. **Automatización de Procesos:** Las tareas administrativas y de rutina pueden ser automatizadas mediante la IA, lo que permite a los miembros del consejo y a la familia empresaria centrarse en decisiones estratégicas de alto nivel y en la innovación.

3. **Gestión de Riesgos:** La IA puede ser utilizada para monitorizar y gestionar riesgos en tiempo real, alertando a los órganos de gobierno sobre potenciales problemas financieros, operacionales o de reputación.

4. **Predicción de Tendencias de Mercado:** La IA puede prever cambios en las condiciones del mercado o en el comportamiento del consumidor, permitiendo a las empresas familiares adaptarse con antelación y mantener su ventaja competitiva.

5. **Personalización de la Experiencia del Cliente:** La IA puede ayudar a personalizar la experiencia del cliente a una escala

masiva, lo cual es crucial para empresas que valoran las relaciones a largo plazo y la lealtad del cliente.

En el ámbito familiar, entre las aportaciones más significativas:

La inteligencia artificial (IA) puede impactar las dinámicas y procesos de las familias empresarias en el ámbito de las relaciones familiares de diversas maneras, algunas de las cuales incluyen:

Comunicación Mejorada: Los sistemas de IA pueden facilitar la comunicación entre los miembros de la familia empresaria a través de plataformas que organizan y priorizan los mensajes y la información, asegurando que todos estén al día con las novedades y decisiones importantes.

Gestión de Conflictos: Herramientas de IA con capacidades de análisis de sentimientos y reconocimiento de emociones pueden ayudar a identificar tensiones o desacuerdos tempranos dentro de la familia empresaria, permitiendo abordarlos antes de que escalen. Mediante el análisis de datos y la modelización de comportamientos, la IA puede ayudar en la mediación de disputas proporcionando soluciones basadas en datos y objetivas, lo que puede ser útil en situaciones donde las emociones pueden nublar el juicio.

Educación y Capacitación: Programas educativos personalizados impulsados por IA pueden ser diseñados para miembros de la familia, proporcionando formación específica en áreas de interés o necesidad para la empresa familiar, y fomentando el desarrollo de una cultura empresarial común.

Planificación Sucesoria: La IA puede asistir en la planificación sucesoria al analizar datos y prever posibles escenarios futuros. Esto podría ayudar a las familias empresarias a tomar decisiones informadas sobre quién podría estar mejor preparado para asumir ciertos roles basándose en habilidades, desempeño y tendencias de comportamiento.

Asistencia Personalizada: Los asistentes virtuales con IA pueden ayudar a los miembros de la familia a organizar sus horarios, recordar eventos importantes y mantener un equilibrio entre la vida laboral y personal, lo cual es esencial para mantener relaciones familiares saludables en el contexto de negocios intensivos.

Mejora de la Toma de Decisiones Colectiva: Al utilizar la IA para analizar grandes cantidades de datos sobre el rendimiento del negocio y las tendencias del mercado, las familias empresarias pueden tomar decisiones colectivas más informadas que reflejen no solo las mejores prácticas empresariales sino también los valores familiares.

Seguimiento del Bienestar Familiar: La IA puede ser utilizada para monitorear y reportar sobre el bienestar de los miembros de la familia, identificando signos de estrés o sobrecarga laboral, lo que es crucial para mantener un ambiente familiar saludable y prevenir el agotamiento.

Mantenimiento del Legado Familiar: Herramientas basadas en IA pueden ayudar a documentar y transmitir la historia y los valores de la familia empresaria, asegurando que el legado familiar se preserve y se comparta con las nuevas generaciones de una manera interactiva y atractiva.

Manejo de Finanzas Personales y de la Familia: Con la ayuda de la IA, las familias pueden gestionar mejor sus finanzas personales y las inversiones relacionadas con la empresa familiar. Los sistemas inteligentes pueden proporcionar recomendaciones personalizadas para la diversificación de activos y la planificación de inversiones.

Metaverso y Hologramas:

1. Reuniones Inmersivas: Los órganos de gobierno pueden utilizar el metaverso y los hologramas para celebrar reuniones inmersivas que simulen la presencia física, facilitando la colaboración y la toma de decisiones en un entorno virtual que puede ser tan interactivo como las reuniones presenciales.

2. Entrenamiento y Desarrollo: Los hologramas y los entornos virtuales pueden usarse para la formación y el desarrollo de habilidades dentro de la empresa familiar, permitiendo simulaciones realistas y aprendizaje inmersivo para preparar a las generaciones futuras para la gestión y el liderazgo.

3. Prototipado y Modelado de Productos: En empresas familiares con un componente de manufactura o diseño, los hologramas pueden permitir la visualización y modificación de prototipos en tiempo real, mejorando la colaboración entre los diseñadores, ingenieros y la dirección.

4. Networking y Relaciones de Negocios: El metaverso puede ofrecer nuevas formas de networking y construcción de relaciones comerciales, eliminando las barreras físicas y permitiendo a las familias empresariales conectar con socios y clientes en todo el mundo.

5. Demostración y Comercialización de Productos: El metaverso y los hologramas pueden transformar la forma en que las empresas presentan y venden sus productos, permitiendo demostraciones en 3D que destacan características y funcionalidades de manera más efectiva que las imágenes o videos tradicionales.

6. Experiencias de Marca: Estas tecnologías permitirán a las empresas familiares crear experiencias de marca únicas y memorables que pueden reforzar la lealtad del cliente y atraer a nuevas audiencias en el espacio digital.

7. Participación de Stakeholders: Los hologramas y el metaverso pueden facilitar la participación de accionistas y otros stakeholders que no pueden estar físicamente presentes en las reuniones, garantizando una mayor inclusión y transparencia en los procesos de gobernanza.

8. Realidad Mixta en Operaciones: La integración de la realidad virtual y aumentada en las operaciones diarias puede mejorar la eficiencia y precisión en la producción, mantenimiento y otros procesos operativos.

9. Planificación Espacial y Expansión: Para las empresas familiares involucradas en bienes raíces o construcción, los hologramas pueden ser una herramienta poderosa para la planificación espacial y visualización de futuras expansiones o desarrollos.

10. Cultura y Legado: La IA y el metaverso también pueden ser utilizados para preservar y compartir la historia y cultura de la empresa familiar, creando experiencias que cuenten la historia de la familia y su negocio a las nuevas generaciones y al público.

En resumen, la IA y el metaverso están preparados para transformar radicalmente la forma en que las empresas y las familias empresarias operan y se gobiernan, ofreciendo oportunidades para mejorar la toma de decisiones, la eficiencia operativa y la interacción con clientes y otros stakeholders.

La clave para las familias empresarias será cómo integrar estas tecnologías manteniendo sus valores y cultura central, asegurando que sirvan para potenciar y no para desplazar el legado familiar.

Enrique Ortega
Economista, Asesor Financiero Internacional, Partner PWA Family Office. Licenciado en economía y finanzas, MBA enfocado en finanzas.
Asesor financiero internacional en gestión de patrimonio para América Latina en Citibank.

El Futuro en la Gestión Patrimonial

La evolución de la gestión patrimonial hacia un modelo independiente, adoptando un enfoque holístico y agnóstico de soluciones financieras personalizadas, ha ganado un notable impulso entre las familias empresarias en los últimos años, perfilándose como la tendencia predominante en el futuro. Este enfoque, caracterizado por la contratación de servicios externos de gestión patrimonial, está experimentando un crecimiento exponencial debido a su capacidad para proporcionar asesoramiento imparcial, acceso a tecnología avanzada, personalización adaptada a las necesidades familiares y un enfoque centrado en resguardar los intereses de la familia por encima de todo.

Ventajas del Modelo Independiente que explican la tendencia

creciente hacia el futuro de la gestión patrimonial:

1. Asesoramiento Personalizado y sin Conflictos de Intereses.
El modelo independiente de Family Office prioriza la objetividad, ofreciendo asesoramiento sin ataduras a productos o entidades financieras específicas, permitiendo decisiones basadas únicamente en los intereses de la familia empresaria.

2. Acceso a la Vanguardia Tecnológica e Inteligencia Artificial.
Estos modelos se benefician de la más alta tecnología, incluyendo herramientas avanzadas de análisis de datos y soluciones basadas en inteligencia artificial, permitiendo una toma de decisiones más informada y precisa.

3. Acceso a Inversiones Exclusivas.
Las familias empresarias pueden acceder a oportunidades de inversión exclusivas y diversificadas proporcionadas por una red amplia y bien establecida en el mundo financiero.

4. Personalización y Enfoque Holístico:
La adaptabilidad del modelo independiente permite una personalización profunda y una atención integral que abarca aspectos financieros, legales, fiscales y familiares.

5. Mayor Confidencialidad y Seguridad de Datos.
Estos modelos garantizan la confidencialidad y seguridad de la información de la familia, protegiendo su privacidad y activos.

6. Capacidad de Alinear con las Mejores Entidades Financieras y Estrategias de Inversión.
El modelo independiente colabora con entidades líderes y estrategias de inversión de la industria, filtrando y seleccionando las mejores alternativas para sus familias empresarias.

Datos de la Industria y Futuro de la Tendencia:
Según datos de Campden Wealth, los Family Offices independientes registraron un aumento del 20% en 2023. Este crecimiento refleja la preferencia creciente de las familias empresarias por un enfoque ágil y personalizado en la gestión de su riqueza.

Se prevé que esta tendencia hacia el modelo independiente continúe en los próximos años, dado el valor que las familias empresarias otorgan a las ventajas en términos de transparencia, objetividad y acceso a las mejores prácticas financieras.

El modelo independiente adaptado al Family Office representa un hito en la gestión patrimonial para las familias empresarias.

Ofrece una combinación poderosa de imparcialidad, tecnología avanzada, diversificación de inversiones y atención personalizada, asegurando así la preservación y el crecimiento del patrimonio en un entorno financiero en constante cambio. Su crecimiento continuo subraya la confianza y preferencia de las familias empresarias por un enfoque más eficiente y centrado en sus necesidades específicas.

PWA Family Office

Sylvia Edith Testa
Directora del Centro de Inteligencia Artificial y Tecnologías Emergentes (CIATE) del espacio EDUCAC - Cámara Argentina de Comercio y Servicios (CAC). Directora de la Maestría en Ciencia de Datos e Innovación Empresarial y Directora de la Licenciatura en Ciencia de Datos en UNIVERSIDAD CAECE. Directora de Diplomaturas en Visión Artificial, Machine Learning, Business Intelligence, Ciberseguridad, Blockchain. Consultora y Asesora experta en Analítica y Nuevas Tecnologías. Con más de 20 años de docencia, investigación y desarrollos de Inteligencia Artificial aplicados al Sistema Financiero Argentino. Miembro de diversas agrupaciones Internacionales de IA.

Inteligencia Artificial
como aliada Empresarial

Han pasado ocho décadas desde que dos científicos propusieron simular las capacidades del hombre en un sistema computacional formalizándolo en un primer bosquejo de una Neurona Artificial y luego construyendo una red llamando "Inteligencia Conexionista" a esta nueva línea de investigación, que años más tarde se incluyó dentro de una rama fuerte de la Inteligencia Artificial (IA) y es lo que actualmente deviene en Inteligencia Generativa (IA Gen).

Si bien desde su nacimiento la inteligencia Artificial abarcó la idea fuerte de duplicar facultades humanas, en paralelo avanzó una línea más blanda que desarrolla sistemas inteligentes expertos para colaborar con la toma de decisiones y automatizando tareas complejas del mundo físico que requerían adaptabilidad, agilidad y aprendizaje supervisado. Éste enfoque es donde las Empresas Familiares pueden comenzar a transitar el camino tech, sus aplicaciones son tantas como las respuestas que el hombre quiera dar a sus necesidades, por citar algunas: en área de ciberseguridad (detección de fraudes, virus), inteligencia empresarial (previsión de ventas, stock, segmentación y perfiles de clientes - pacientes para envío de promociones y campañas, predecir abandono e incluso como parte del CRM analítico), áreas de recursos humanos (previsión de rotación, selección y búsqueda de personal, detección de talentos), industria (detección de errores, controles, automatización de procesos), canales de comunicación y asistentes virtuales expertos, gestión de riesgos financieros (previsión de mora, cobranzas, errores de TI, tasa financieras y estimación de presupuesto), video juegos y gamificación (como entretenimiento o también como forma de capacitación y nuevas formas de liderazgo generacional), etc.. Por supuesto que las organizaciones más maduras tecnológicamente pueden avanzar en la línea dura con modelos de IA Gen, integrando a sus plataformas las herramientas ofrecidas por las suites empresariales más conocidas hasta el momento: ChatGPT Enterprise de OpenAI, Microsoft Copilot. GSuite de Google, Suites Empresariales de Watson de IBM y Amazon Q.

En este sentido, está claro que las soluciones inteligentes ofrecen la oportunidad de optimizar la producción maximizando las ganancias, pero también es cierto que pueden aparecer obstáculos ocasionando demora en su utilización, algunos pueden ser: falta de datos, tiempos de desarrollo demasiado extensos, incompatibilidad con las herramientas actuales y altos costos, falta de profesionales. Sin embargo no deben verse como limitaciones, por un lado porque en el contexto actual los datos ya están siendo recolectados; por otro lado los tiempos de desarrollo pueden acortarse con propuestas de proyectos ágiles y rápidos enfocados en un dominio específico de la organización para que a corto plazo permitan medir el éxito esperado e incorporar en forma incremental más avances, es decir obtener primeros resultados positivos con bajo presupuesto y bajo costo para obtener logros tempranos que generen confianza y credibilidad. Sí es necesario contar con buen equipo de profesionales capacitados para evitar los sesgos implícitos e inherentes a la toma de decisiones automatizadas, con conocimiento de marcos legales y principios éticos que aseguren construcciones confiables que potencien la marca y la buena reputación de la Empresa.

En la actualidad la adopción de IA combinada con otras tecnologías de vanguardia dejó de ser una opción para pasar a ser una obligación para poder crecer, para el IBM Institute for Business Value las empresas que utilicen IA Gen podrían obtener un crecimiento anual un 74% mayor que el de sus pares, la gran mayoría de sus CEOs opina que mejorará en gran medida la creatividad e innovación, pero que para aprovechar esa oportunidad deberá repensar cómo opera toda la empresa con una visión de alto nivel de estrategia para encontrar nuevas formas de entregar y capturar valor dentro del ecosistema digital

En resumen, la IA está en plena expansión por lo cual su adopción para empresas, sin importar el tamaño, aunque sea en menor escala y a paso lento, ya pasó de ser necesidad a ser obligación para cumplir objetivos presupuestarios y de crecimiento. La historia ha demostrado que las líneas tecnofóbicas fueron totalmente superadas, que las empresas que se adaptaron a los cambios y afrontaron desafíos son las que ha avanzado, y en ese sentido las Familiares tienen un plus importante, es momento de comenzar la convivencia con IA, es momento de verla como una excelente colaboradora, como una aliada empresarial.

Italo Torrese
Presidente de Softlanding Global, Vice Presidente de CAMACOL, Director de REBITI Inc, Organizacion lider del Mundo Inmobiliario, Consultor Internacionl y expositor de varios Congresos Internacionales,

Algo a considerar sobre el Futuro de las Empresas Familiares

Como siempre un gusto de sumarme a esta iniciativa del autor que nos permite a un grupo de entusiastas colaboradores y consultores en todos estos temas a ser parte creativa de este nuevo libro.

El futuro de las empresas familiares está influenciado por varios factores, y este puede variar según la industria, la gestión y la capacidad de adaptarse a los cambios externos e internos. Existen 7 consideraciones y factores que van a influir en el futuro de este tipo de empresas, siendo estos los siguientes:

1.- Sucesión y gobernanza: La transición generacional va a seguir siendo el principal desafío para superar. Es fundamental planificar de forma detallada y muy cuidadosa el proceso de sucesión y definir de forma clara y precisa una sólida estructura de gobernanza que garantice la continuidad y el éxito a largo plazo y una detallada y eficiente gestión.

2.- Globalización: La expansión a mercados internacionales proporciona oportunidades de crecimiento y desarrollo y a su vez presenta desafíos en la gestión de la empresa, así como en la adaptación a las nuevas regulaciones y la cultura empresarial en los diferentes mercados y países.

3.- Manejo de crisis e innovación: La capacidad de una empresa para hacer frente a las distintas amenazas económicas, sanitarias, competitivas o de otro tipo, se transforma en el elemento clave para garantizar su propia supervivencia en el tiempo y el espacio. Esto se logra siendo resiliente e innovador para afrontar cada desafío de forma creativa adaptándose a la nueva realidad que el mercado nos presenta.

4.- Tecnología y transformación digital: Abrazar las nuevas tecnologías como la inteligencia artificial, automatización de procesos, análisis de datos, blockchain, tokenización y otras tantas, mejora notablemente el desempeño de la empresa, no solo su eficiencia y competitividad si no también, la percepción que el mercado tiene de nuestra empresa, especialmente sus clientes.

5.- Cambio en la fuerza laboral: La gestión de atracción y retención de talentos para la empresa se vuelve crucial. Las nuevas generaciones de empleados son más sensibles y requieren distintas condiciones laborales, ambientes de trabajo más atractivos, expectativas de desarrollo diferentes, nuevas formas de comunicación y reconocimientos, por lo que adaptarse a ellas se vuelve crucial para retener los talentos incorporados y todo el personal en genera.

6.- Sostenibilidad: La preocupación por conservar el medio ambiente y el bienestar social están en aumento. Por lo tanto, las empresas familiares deben incorporar políticas sostenibles que puedan ganar la confianza de su fuerza laboral y la de sus clientes para responder a las demandas del mercado.

7.- Ética y responsabilidad social: Las empresas familiares necesitan integrar en sus políticas de desarrollo y crecimiento valores que promuevan buenas prácticas éticas y responsabilidad social, ya que los clientes están prestando atención a estas áreas.

Para resumir, el futuro de las empresas familiares va a depender de la visión a largo plazo que tengan los directores y de su capacidad para adoptar el cambio como una política empresarial continua y permanente adaptándose a todos los nuevos cambios en tendencias, gustos, valores, tecnologías, mercados, liderazgos, gobernabilidad y sus capacidad para gestionarlos de forma ágil y efectiva que destaquen sobre sus competidores.

Alfredo Amigorena
Presidente de Softlanding Global, Vice Presidente de CAMACOL, Director de REBITI Inc, Organizacion lider del Mundo Inmobiliario, Consultor Internacionl y expositor de varios Congresos Internacionales,

Empresas familiares del futuro. (Líder virtual consensuado)

Las empresas familiares han sido el origen de las empresas en el universo comercial y especialmente en países como Argentina en el cual gran parte de las que se han desarrollado crecido y llegado a ser centenarias, son de origen familiar.

"El Emprendedor" (Todo nace con él): Empresario que tiene la visión, el deseo y la energía para poner en práctica sus sueños, hasta conseguir que su estructura le permite proyectar "El futuro de su familia".

Aquí es donde comienza el primer punto y más crítico: "La continuación de la empresa "
Cómo lograr involucrar a la familia eficientemente en un medio empresarial para que la misma no se transforme en

una extensión doméstica sino en una unidad eficiente de trabajo conjunto respetando los códigos internos que tiene una empresa manejándose con planificación sana pero fría a los efectos de crecer, desarrollarse y lograr éxito.

1- El primer punto crítico - Cómo entusiasmar a la familia
El líder tendrá que entusiasmar a su familia para que adhieran a la idea. A veces esto nace de la necesidad de una salida laboral en un medio en el cual la mejor opción está dentro de la empresa familiar. Otras veces de una vocación y en el mejor de todos los casos, de un estímulo sano para lograr interesar a los miembros de la familia en el manejo de la empresa.

Aquí viene todo un tema de psicología de familiar y social.
Generar el ámbito en el cual manejar estos parámetros es sumamente delicado difícil y pocas veces exitoso. (este punto es crucial). Habrá futuro en tanto y en cuanto los integrantes estén "motivados emocionalmente" para que "esto" siga adelante.

Existe un conjunto de elementos que son utilizados en gran parte de las sociedades para lograr el interés y estímulo adecuado en función del premio, el éxito y la trascendencia.

El líder deberá tener la suficiente generosidad, además de inteligencia práctica y emocional para comprender en qué momento debe delegar partes sensibles de su comando en quienes vienen detrás (sin dejar que se caiga); es el famoso tema del "liderazgo horizontal asistido y constantemente renovado".

Culturalmente superada esta etapa (que tiene mucho más de psicología que de estructura empresarial) pasamos a la segunda.

2-Cómo evolucionar y aprovechar los talentos familiares;
Cada miembro deberá descubrir (ser descubierto) y poner en práctica sus talentos. Algunos tendrán capacidad para negociación y serán los encargados de esa área, hay quienes tendrán la capacidad para diseñar para crear para inventar

para volar (creativos) y hay quienes tendrán la capacidad de administrar (que no es un tema menor), en eso tendrá mucho que ver cada una de las funciones que el líder delega.

Fundamentalmente los mayores fracasos que se han visto en la transición de empresas familiares son cuando el este detenta el timón férreamente en forma vertical hasta que inevitablemente, muerte y vemos como empresas que parecían fantásticas se diluyen estrepitosamente ya que los que permanecían bajo comando del jefe supremo lo hacían justamente por su existencia y ante la desaparición no saben cómo manejarlo.

Se producen las famosas riñas internas destruyéndose totalmente el aporte realizado. Pero bueno ...vamos con los que siguen adelante.

3- Profundizar talentos y reconocer la necesidad de incorporarlos.
En ese punto una vez que ya hemos descubierto los talentos de cada uno de los integrantes hay que profundizarlos hay que culturizarlos hay que exponerlos y es necesario, fundamentalmente, la preparación tecnológica y ahí es donde tenemos herramientas para ellos llevándolos a conocer profundamente los conceptos del marketing digital y las nuevas herramientas que cada día son más imaginativas.

Gracias a la Inteligencia artificial, el universo virtual y metaversos en los cuales estamos embebidos ayudaran a promocionar, desarrollar, mejorar cada uno de los pasos de esta etapa.

Sistemas de auto entrenamiento y monitoreo para custodiar cada uno de los pasos que se está dando y emitir las alarmas, recomendaciones, y descubrir posibilidades.

Siempre entendiendo que la decisión está en "los líderes" de la empresa y no de "un líder" si no de un liderazgo plural ya que la decisión de un sólo líder que dice "vamos para allá"(que puede ser excelente, con gran intuición, conocimiento grandes perspectivas y una macro visión excepcional) puede mejorar si hay dos o más como él y potenciar esas habilidades generando un producto de mucho mayor calidad ya que la mirada no será lineal sino panóptica y mucho más rica, con más elementos para ser considerados.

Volviendo al anterior en el cual habíamos descubierto los talentos de cada uno de los integrantes de la familia descubriremos, también, los talentos que no tenemos y que tenemos que "importar" (contratar a otros).
En ese punto es donde se generan las reuniones de directorio estando los miembros de la familia más los contratados que cubren esos espacios que la familia no puede por alguna razón.

4-Eficientizar la empresa familiar utilizando las herramientas modernas.
Business Plan
Primero tenemos que concentrarnos bien en el famoso "Business Plan" de "Nuestra Empresa". Cuáles son nuestros objetivos qué es lo que pretendemos, cómo vamos a financiarlos, con qué recursos humanos contamos para eso, etc.

Marketing
Es importante (importantísimo) el marketing que la empresa vaya a desarrollar, pero también lo es el control de calidad, él análisis del producto y todos los estamentos que tienen que ver para lograr un estándar adecuado. Cualquiera que sea el producto, producto netamente tecnológico intangible como un videojuego o un desarrollo inmobiliario donde tenemos que construir con hormigón edificios.

El concepto es el mismo, existe un marketing, una forma de vender. El objetivo de todo producto es ser comprado como un videojuego o un departamento y tenemos que concentrarnos en el usuario aquel que nos va a comprar el videojuego o el departamento.

Es así que tenemos que ir a buscar la satisfacción de ese usuario en función de calidad precio competitividad servicio postventa fidelización y todas aquellas herramientas de uso normal del marketing y ahí es donde encontramos la realidad virtual como uno de nuestros aliados en todas estas áreas tanto en el control de calidad de producto como en la demostración y algo que es muy importante siempre pensar en lo más amigable y agradable.

"No solamente que le resulte útil, sino que "le encante" usarlo. Ejemplo: Un departamento que tenga vista al mar, amenities, seguridad y servicios al cliente 24hs., Etc.

Que la gente se fascine con estar en él por las características de confort y servicios

Deslocalización y nomadismo digital productivo.
Uno de los temas novedosos en las empresas familiares del futuro va a ser la deslocalización, la no permanencia dentro del mismo ámbito físico de sus integrantes el nomadismo digital Qué significa esto.... el origen de la empresa familiar es casi siempre la mesa familiar en el cual en el desayuno o en la cena o en la mitad del almuerzo de trabajo nos juntábamos todos, discutíamos analizábamos, pasábamos las ideas Cada tanto hacíamos casi un retiro espiritual y nos encontrábamos para discutir analizar y profundizar cada uno de los conceptos que tenían que ser analizados. En la actualidad la disponibilidad de los medios su conferencia virtual y las herramientas fantásticas de Google, nos permiten estar trabajando en el mismo documento desde distintas partes del mundo al mismo tiempo y pensando en esos conceptos.

Esto hace que una reunión de empresa familiar hoy en día pueda hacerse absolutamente virtual.

Entonces los componentes de esa empresa pueden estar (desde un punto de vista funcional) en cada una de las áreas de trabajo al mismo tiempo generando esa conferencia virtual o pueden estar simplemente pensando, desarrollando productos y haciendo marketing en distintas partes del mundo.

Es así como gran parte de los futuros integrantes de las empresas virtuales familiares van a estar en distintos países haciendo distintas cosas en el mismo tiempo con lo cual esto, que en un principio los tradicionalistas han visto como una dilución de la empresa (digamos dispersión) no es más ni menos que aprovechable con una mayor capacidad visual de lo que está ocurriendo en cada lugar dándonos una visión "multiscópica" (panóptica) mucho más rica que la que tenemos sentados todos en la misma mesa viendo el mismo panorama. Mentalmente ya estamos abiertos a los estímulos localizados y que nos permiten ver analizar y desarrollar nuevas ideas.

5. EL JEFE VIRTUAL CONSENSUADO

Entonces en ese punto cada uno de los integrantes de esa empresa familiar tendrá que tener su lugar y ese lugar tendrá que ser respetado y respetable.

Debemos tener la suficiente confianza y dar la sensación de que estamos en una mesa redonda donde la cabecera está en todos lados y todos tienen el poder de opinar, representar y desarrollar soluciones que luego de una manera democrática pero inteligente podamos analizar y conseguir un rumbo entre todos.

¿A quién le vamos a dar el control de la empresa familiar? Al originante, al descendiente más directo en forma dinástica, ¿a un equipo plural que integremos?
Aquí viene el tema. una "Inteligencia artificial entrenada por nosotros mismos"

Este es un paradigma muy interesante ya que hoy disponemos de los medios como para tener una especie de jefe virtual.

Qué significa esto en las empresas familiares ... Volvemos al gran problema que sigue siendo, justamente las relaciones familiares entre hermanos. hijos, padres, esposas, todos tienen un componente emocional importantísimo que es imposible despegar de lo profesional.

Siempre hay un "cuando me robaste el osito y tenía 7 años" o "ese día en el que yo quería usar la bicicleta y vos no me dejaste". Esto queda en el recuerdo. También el hecho de querer superar al líder (Hacia el padre, hacia el generador) mostrarle sus errores de manera escatológica, Este tema netamente psicológico con el que comencé la charla se resolvería usando "sistemas de líderes virtuales".

¿Qué significa esto? Primero tenemos el trabajo de entrenar una Inteligencia artificial con los valores puros que se pretenden de una empresa y esa Inteligencia artificial ser consultada (no obedecido pie juntos) como un ADVISER que pueda (utilizando todas las capacidades que le vayamos delegando, confiriendo, entrenando) desarrollar una respuesta que nos parezca lógica a todos y que esté desprovista del contenido emocional.

Ejemplo: Una empresa desarrolladora inmobiliaria que pretende generar un complejo edilicio en la costa Atlántica en un lugar en el cual pensamos que el producto va a ser exitoso, pero resulta que mi hermano tiene preferencia por Cariló yo por Miramar mii tío siempre veraneo en Punta del Este y.... consecuentemente tenemos que elegir el lugar .

Cada uno (indudablemente a pesar de las características) va a tratar de poner su lugar preferido.

El costo no varía demasiado el precio sí ... bastante en estas tres localidades y la relación costo precio (obviamente el beneficio) es bastante diferente Independientemente de las características del marketing y todo lo demás.

Cualquier decisión que se tome por alguna de estas tres localidades va a tener un componente emocional. "Yo me crie acá, quiero este lugar"...

Entonces posiblemente ganen los argumentos retóricos frente a los comerciales (que es el fin último de la empresa...obtener beneficio).

Así que sometemos esas tres ubicaciones con todas las características al sistema de Inteligencia artificial que nos diga donde tengamos la mejor respuesta económica y todos convenimos en seguir esa idea.

Con lo cual vamos a estar mucho más cerca de un árbitro absolutamente desapasionado

¿Cuál es el rumbo?
*Si somos suficientemente capaces de entender este ecosistema con **LÍDERES VIRTUALES CONSENSUADOS** tendremos una nueva respuesta para las Empresas Familiares del Futuro.*

Dr. Jorge Zumaeta
Profesor y conferencista, Florida International University. Manager FIU Continuing Education.

La Importancia de la Educación Continua

La Educación Continua en el mundo de los negocios, especialmente en empresas familiares, es un pilar fundamental para su evolución y sostenibilidad para mantenerse competitiva en la economía global. En un entorno que cambia rápidamente debido a la innovación tecnológica, las tendencias de mercado y los cambios socioeconómicos, la Educación Continua se convierte en una herramienta indispensable para mantenerse competitivo en las áreas de 1) Adaptación a las Nuevas Tecnologías; 2) Gestión del Cambio Generacional; 3) Innovación y Competitividad; 4) Desarrollo de Liderazgo y Habilidades Gerenciales; y 5) Respuesta a Cambios en el Mercado.

La adaptación a las nuevas tecnologías en empresas familiares es más que una necesidad; es una oportunidad para reinventarse y mantenerse relevantes. La evolución tecnológica no solo afecta los productos o servicios ofrecidos, sino también cómo se operan y gestionan los negocios. La incorporación de herramientas digitales y tecnológicas permite a estas empresas mejorar sus procesos internos, incrementando la eficiencia y reduciendo costos. Además, el uso de tecnologías avanzadas como la inteligencia artificial, el análisis de datos y la automatización puede abrir nuevas vías para entender mejor las necesidades del cliente y personalizar la oferta de servicios o productos.

Por otro lado, la presencia digital y el comercio electrónico se han convertido en aspectos cruciales para expandir mercados. Las empresas familiares que adoptan estas tecnologías no solo logran un alcance más amplio, sino que también se colocan en una mejor posición para competir en un mercado global. La educación continua en tecnología asegura que la empresa no solo se mantenga actualizada, sino que también pueda liderar en innovación y adaptación en su sector. La inversión en tecnología, por lo tanto, se convierte en una inversión en el futuro y sostenibilidad de la empresa familiar.

La gestión del cambio generacional es un aspecto crítico en las empresas familiares, y la educación continua desempeña un papel clave en este proceso. Esta educación no solo se centra en impartir habilidades modernas de gestión a la nueva generación, sino también en garantizar la transferencia y adaptación de los valores fundamentales de la empresa. La nueva generación debe estar equipada con conocimientos actualizados sobre estrategias de mercado, tecnologías emergentes y prácticas de gestión modernas, al tiempo que comprende y respeta las tradiciones y la historia de la empresa. Esta dualidad asegura una transición suave y eficaz del liderazgo, permitiendo a la empresa mantener su identidad mientras se adapta a las exigencias del entorno empresarial actual. La educación continua, por lo tanto, actúa como un puente entre el pasado y el futuro de la empresa, asegurando su relevancia y éxito a largo plazo.

En cuanto la "Innovación y Competitividad," la educación

continua capacita a los empresarios familiares para explorar y adoptar nuevas estrategias de negocio, técnicas de marketing avanzadas y modelos de gestión innovadores. Este aprendizaje continuo es crucial para mantener la competitividad en un mercado globalizado y en constante evolución. Permite a las empresas familiares identificar y aprovechar nuevas oportunidades, adaptarse a cambios en las preferencias de los consumidores y responder de manera efectiva a la competencia. Asimismo, fomenta un entorno de innovación dentro de la empresa, crucial para el desarrollo de productos y servicios únicos y para la creación de estrategias de mercado que diferencien a la empresa en su sector. En resumen, la educación continua es fundamental para que las empresas familiares no solo sobrevivan, sino que prosperen y lideren en sus respectivos mercados.

El desarrollo de liderazgo y habilidades gerenciales es crucial en las empresas familiares para asegurar una dirección efectiva y el éxito a largo plazo. Los programas de capacitación y cursos especializados son herramientas valiosas en este proceso, ya que proporcionan a los líderes actuales y futuros las competencias necesarias para manejar desafíos complejos y guiar la empresa. Estos programas abarcan desde habilidades de comunicación y toma de decisiones hasta estrategias de gestión y liderazgo ético. Al invertir en el desarrollo de estas habilidades, las empresas familiares refuerzan su estructura de liderazgo y preparan a sus miembros para dirigir con confianza y visión de futuro.

La educación continua es fundamental para que las empresas familiares respondan eficazmente a los cambios en el mercado. Esta formación continua permite a los empresarios y a sus equipos mantenerse actualizados sobre las tendencias emergentes, las demandas cambiantes de los consumidores y las nuevas dinámicas competitivas. Al estar bien informados y capacitados, pueden ajustar rápidamente sus estrategias, productos y servicios para mantener la relevancia y competitividad de la empresa. La educación continua en este contexto no solo implica la adquisición de conocimientos, sino también el desarrollo de una mentalidad flexible y adaptable, esencial para navegar en un mercado global que está en constante evolución.

Florida International University (FIU) - Continuing Education se destaca como una excelente alternativa para empresas familiares buscando fortalecer sus capacidades y mantenerse competitivas. Con más de 58.000 estudiantes en el área de crédito y más de 7.000 estudiantes participando en los programas de Educación Continua cada año, FIU se posiciona como una de las universidades más grandes de EE.UU., lo que refleja su amplia gama de recursos y oportunidades. FIU es reconocida por su enfoque en la innovación y la calidad de enseñanza, ocupando lugares destacados en rankings nacionales en áreas como negocios internacionales y programas de posgrado en varias disciplinas. Su compromiso con la investigación y la enseñanza de alta calidad, independientemente de los desafíos, la convierte en una opción ideal para empresas familiares que buscan programas de formación continua. FIU en su página de Rankings y Hechos y conocer detalles sobre sus programas de educación continua en su página web.

FIU ofrece programas educativos específicos para ayudar en la "Adaptación a las Nuevas Tecnologías". Estos programas incluyen cursos en inteligencia artificial, análisis de datos, y automatización, diseñados para capacitar a empresarios en la utilización de tecnologías avanzadas. Estos cursos permiten a los profesionales entender y aplicar tecnologías emergentes, mejorando así la eficiencia operativa y la personalización de servicios y productos para satisfacer las necesidades cambiantes del mercado. Estos programas son ideales para empresas familiares que buscan mantenerse al día con las últimas tendencias tecnológicas.

En el ámbito de la gestión del cambio generacional, FIU colabora con expertos como el Señor Jose Barletta para ofrecer programas y talleres de liderazgo, seminarios de gestión de empresas familiares y cursos de estrategias de negocios modernas son fundamentales. Estos programas educan a las nuevas generaciones en habilidades de gestión actualizadas, mientras inculcan la importancia de los valores familiares y tradiciones empresariales. Por ejemplo, un taller puede centrarse en estrategias de liderazgo innovadoras, complementado por seminarios que discuten cómo mantener la integridad y los valores de la empresa familiar a lo largo del cambio generacional.

Para fomentar la innovación y competitividad, los programas de FIU educación continua están enfocados en metodologías ágiles, pensamiento de diseño y estrategias digitales de marketing son esenciales. Estos cursos permiten a los empresarios aprender y aplicar nuevas estrategias y modelos de negocio, como el uso de análisis de big data para la toma de decisiones o la implementación de estrategias de marketing digital para alcanzar audiencias más amplias y diversas. Estos programas son cruciales para mantener a las empresas familiares a la vanguardia en un mercado global competitivo. Uno de los cursos que disfruto mucho en ensenar en el programa de MBA es "Competitive Strategy" donde exploramos los diferentes modelos de negocios para mantenerse competitivo bajo un contexto macroeconómico global.

Los programas de desarrollo de liderazgo y habilidades gerenciales son cruciales para equipar a los líderes empresariales con las competencias necesarias para una gestión efectiva. Por ejemplo, los cursos de FIU en técnicas de comunicación efectiva, resolución de conflictos, y toma de decisiones estratégicas son comunes. También se ofrecen talleres sobre liderazgo ético y sostenible, así como programas que se enfocan en la gestión del cambio organizacional. Estos cursos están diseñados para mejorar las habilidades de liderazgo y gestión, preparando a los líderes para enfrentar los desafíos modernos del mundo empresarial.

FIU ofrece una variedad de cursos que permiten a los empresarios y sus equipos adaptarse a los cambios del mercado. Estos cursos incluyen, por ejemplo, programas en análisis de tendencias del mercado, estrategias de marketing digital, y cursos sobre innovación en modelos de negocio. Estos programas están diseñados para proporcionar las habilidades y conocimientos necesarios para mantener la relevancia y competitividad en un entorno de mercado en constante evolución. Para más detalles sobre estos cursos, te recomiendo visitar el sitio web de FIU Continuing Education.

En resumen, la educación continua es esencial para que las empresas familiares se adapten, innoven y prosperen en el cambiante mundo de los negocios. Es un compromiso con el crecimiento, la adaptabilidad y la visión a largo plazo, asegurando que la empresa no solo sobreviva, sino que también prospere en el futuro. Esta formación continua no solo implica adquirir conocimientos, sino también desarrollar una mentalidad adaptable, esencial para el éxito y la sostenibilidad de las empresas familiares en un entorno económico en constante cambio.

FIU | **Continuing Education**
FLORIDA INTERNATIONAL UNIVERSITY

Patricio Sepúlveda
Ingeniero Comercial. Presidente Ejecutivo y CEO de la línea aérea LAN Airlines. Presidente de la Asociaciónn Internacional de Transporte Aéreo de América Latina, AITAL.

Presidente y Fundador, a AeroNex LLC, compañía que se especializa en dar asesoramiento a empresas, aeropuertos y gobiernos en materias de aviación y conectividad.

Presidente de Chile US Chamber of Commerce y pertenece a Directorios y Advisory Boards de numerosas empresas. Desde marzo de 2020 Preside en USA FEBICHAM, la Federación de Cámaras de Comercio Binacionales con sede en Miami, Florida.

Las familias empresarias y la aviación

Es muy interesante leer, incluido este documento, la abundante bibliografía sobre la importancia y desarrollo de las empresas familiares, fenómeno al que no es ajena America Latina.

En mi caso, por el hecho de haber trabajado toda mi vida profesional en el mundo de la aviación comercial quisiera mostrar un ángulo diferente al de mis colegas, tratando de exponer en forma muy breve, como el sector de la Aviación Comercial en América Latina y el Caribe se ha visto beneficiado, o en algunos casos, impactado por resultados no tan exitosos por la participación de grupos familiares.

El sector de la aviación comercial es parte de uno de los mayores sectores o actividades económicas del mundo como es la Industria de Viajes, que está compuesta del transporte aéreo, terrestre, marítimo hoteles, restaurantes, fabricantes de aviones, de barcos etcétera.

En particular, la aviación comercial cumple un rol vital en el desarrollo económico y social de los países y sus comunidades ya que permite la conectividad de cientos de millones de pasajeros que al año viajan por razones personales, de turismo, de negocios, de salud o de variada naturaleza. Asimismo, las compañías aéreas mueven millones de toneladas de carga aérea que representan aproximadamente un 35% del valor de todo lo movido por los diferentes medios de trasporte en el planeta. El trasporte aéreo es un negocio maravilloso, pero muy complejo dado que en cada uno de sus procesos, estándares y servicios debe cuidar y tener como prioridad la seguridad operacional (no accidentes) y la seguridad anti ilícitos (no transportar sustancias o mercancías peligrosas o ilegales), Además, es un sector que requiere altos niveles de inversión en capital ya que los aviones y equipos son caros, delicados en su funcionamiento y de alto valor.

Por otra parte, tenemos el glamour y la atracción que tienen los viajes aéreos para los pasajeros, con lo cual, independientemente que es un sector que tiene ciclos de alta y baja en términos de resultados financieros, es decir, de márgenes económicos no muy altos, comparado con otros sectores, pero como dicen algunos amigos "la aviación es como una droga" en el sentido que cuando un ser humano viaja quiere seguir viajando toda la vida.

Latinoamérica ha mostrado en los últimos 50 años una evolución muy singular en términos de la propiedad y capitalización de sus líneas aéreas. En una gran mayoría, estas fueron propiedad de los Estados, como lo son actualmente los aeropuertos, pero también en general a partir de la década de los 80, comenzaron a realizarse procesos de privatizaciones de líneas aéreas. Esto por las necesidades de crecimiento de las líneas aéreas ya que sus dueños, los Estados no podían distraer recursos públicos que estaban destinados a sectores con mayores prioridades desde el punto de vista social (educación, salud, infraestructura, etc). De esta manera las necesidades de inyección de capital para nuevos aviones, equipos aeronáuticos y nueva tecnología hubo que satisfacerlas a través de la apertura del capital accionario, en la mayoría de los casos, a grupos privados con capacidad de gestión y acceso a financiamiento. Y estos, por lo general fueron grupos familiares en la mayoría de los casos solidos financieramente y en otros, grupos familiares que no tenían la misma solvencia.

En el primer caso podemos señalar el caso de LAN / LATAM (familias Cueto, Pinera y Eblen), COPA (familias Motta y Heilbron), AVIANCA (familias Santo Domingo - Efromovich), TACA (familia Kriete), GOL (familia Oliveira), VOLARIS (familia Kriete y Beltranena) y en el segundo caso, fueron empresas que en definitiva cerraron o quebraron VASP (familia Canhedo), TRANSBRASIL(familia Santana), PLUNA (familia Campiani) , FAUCETT (familia Faucett).

El saldo, como gran resultado en las dos últimas décadas, es que la aviación comercial de América Latina fue marcada por un paso significativo y positivo de grupos familiares en las líneas aéreas de Latinoamérica, trasformando definitivamente los modelos de negocios y la imagen corporativa de los principales compañías aéreas de la región. A vía de ejemplo, pasar de ser la flota de aviones de las líneas latinoamericanas una de las más antiguas en promedio en el mundo, a ser una de las más modernas globalmente. Y así también en muchos indicadores relevantes en la aviación como el on-time performance, calidad de servicio, estándares de seguridad, tecnología, transporte de carga aérea, redes de conectividad global, etc.

La pregunta que cabe hacerse, ¿la empresa familiar es el modelo perfecto a aplicar en una empresa aérea? Mi visión es que en America Latina la participación de familias empresarias ha sido vital en el crecimiento y estabilización de algunas de las principales líneas aéreas, pero esta intervención estará siempre acotada por la envergadura del proyecto de desarrollo a implementar, es decir, en algún momento, por necesidades de inyección de capital originadas por el propio modelo de crecimiento o por alguna circunstancia especial como ha sido la reciente pandemia Covid, que a partir de abril de 2020 dejo repentinamente en tierra el 80% de la flota mundial de aviones de pasajeros, porque nadie volaba.

En otras palabras, sigo viendo espacio en America Latina para la participación de familias empresarias, pero hay un punto en la escala de crecimiento del negocio aéreo, en que estas necesitan estar acompañadas de socios buenos y muy solventes.

Natalia Christensen Zaracho
Consultora senior de soluciones effe "empresa familiar & familia empresaria". Presidenta del instituto argentino de la empresa familiar IADEF. Presidenta del instituto latinoamericano de la empresa familiar ilaef. Licenciada en administración de empresas (UBA-Argentina), diplomada en psicología social (Escuela Pichón Riviere-Argentina), master en entrepreneurship & family business (EAE-España), titulada con especialización en dirección de empresas familiares en la universidad politécnica de cataluña (España), y consultora certificada del family firm institute (EEUU), consultora certificada de empresa familiar CEFC® y registro de consultores de empresa familiar del IADEF(argentina). Co autora de caso de estudio nominado a mejor presentación de caso en ifera 2019 en bergamo (italia).

Objetivos y responsabilidades del consejo de familia para con el family office

Habiendo tenido la oportunidad de trabajar con familias empresarias durante más de 27 años, aprendí dos grandes verdades: no hay dos familias ni dos empresas iguales y el activo más importante de una empresa de propiedad y gestión familiar es la propia familia.

A partir de aquí, la nota que escribo para el lector, es una invitación a prestar atención a los miembros de la familia empresaria porque el círculo de la familia es el que opera con alta influencia en la Empresa Familiar, conduciendo positiva o tóxicamente la relación entre tres ámbitos claves: patrimonio, empresa y familia.

Antes de comenzar, agradezco a José L. Barletta, MS por

su estima hacia mi persona y su valoración de mi trabajo profesional. Es un honor leer su obra y ver como refleja su valoración positiva hacia mi persona en toda ocasión que le es posible hacerlo. Me honra acompañarte con la nota escrita especialmente para tu libro.

El 1 de diciembre de 2023 coincidimos como oradores invitados en el II Congreso sobre la Gestión Integral del Family Office. Evento que motivo a José a invitarme a escribir sobre la exposición que realice sobre "OBJETIVOS Y RESPONSABILIDADES DEL CONSEJO DE FAMILIA PARA CON EL FAMILY OFFICE"

Quiero iniciar mi artículo diciéndole al lector que, aunque aún están en una fase incipiente los family office en América Central y del Sur, están demostrando su utilidad a la familia para gestionar y sostener un nivel deseado de riqueza social, emocional y financiera de manera integrada.

Sabemos que aproximadamente un 37% de las empresas familiares de esta región latina tiene multinegocios (es decir, un 63% es mononegocio) y podemos inferir por estudios varios que más de la mitad de las empresas familiares privadas y activas del continente americano están en manos de segundas, terceras, cuartas y mas generaciones. Tan solo un 45% esta siendo empresa familiar de momento evolutivo fundacional (de primera generación).

Cuando tomamos consciencia de la complejidad de la empresa familiar, los siguientes puntos son los que sugiero atender porque nadie habla de ellos. A saber

1. La familia cuando evoluciona su árbol generacional, se conforman ramas y ramas generacionales. Eso hace que se tienda a pensar más en lo individual (en ramas) que colectivamente (en todo su árbol multigeneracional).
2. Cada vez hay menos vocaciones empresariales en familias de varias generaciones.
3. La familia conviene estructurarla y educarla para lograr su desarrollo como familia empresaria. Es una clave estrategica de sustentabilidad.

4. En la familia tienen un gran valor los aspectos cualitativos más que los cuantitativos. De ahí la importancia de apreciar el legado.

Fundamentándome con lo anterior, son tres los grandes retos que tienen las empresas familiares para afrontar el FUTURO. A saber:
1. Convertir el compromiso familiar en una ventaja competitiva para la empresa y el patrimonio en sentido amplio.
2. Con la estrategia de negocio coordinar las inversiones familiares en capital humano, intelectual, social y financiero.
3. Es clave la planificación del liderazgo generacional y preparar los cambios en la propiedad.

Es el Consejo de Familia quien tiene que asumir la responsabilidad por los retos mencionados. Porque es el órgano ideal para entender y buscar soluciones a las tensiones que se generan en la familia al relacionarse con la empresa, o que se generan en los miembros de la familia al relacionarse entre sí. Es un Órgano de Gobierno en el que la familia empresaria toma las decisiones relativas a cómo se va a gobernar la empresa familiar y el patrimonio, con injerencia para impactar en las dinámicas vinculares entre las personas. Promueve una visión compartida, visión transgeneracional, bien común como propósito común intergeneracional y cohesionar dando sentido al valor de la pertenencia.

En mi práctica profesional, son las familias empresarias las que me enseñaron a prestar atención a la familia, y no exclusivamente a la racionalidad empresarial. Porque solo entendiendo cuál es la filosofía de vida dominante de la familia, se hacen las estrategias orientadoras del emprender familiar - empresarial hacia el futuro, se piensa sobre qué riqueza familiar acumulan en patrimonio humano, intelectual, social y financiero.

Ser parte de una familia empresaria requiere inversión constante en sus accionistas y familiares, porque así pueden garantizar la continuidad para el bien común. Gonzalo Jiménez, consultor de Chile, un gran experto en Empresa Familiar y director de Proteus, dice que la gran premisa de toda Empresa Familiar se basa en la creación de valor transgeneracional e intrafamiliar; en criar a los re-emprendedores del mañana, a las personas que serán motores del emprendimiento empresarial y del crecimiento a lo largo del tiempo.

Para las empresas familiares en primera, segunda generación, y sucesivas generaciones, tener claridad del conjunto de actitudes, valores, y creencias que orientan al grupo hacia la consecución de actividades emprendedoras/regeneradoras de valor social y financiero genera un norte y cohesión. Ellos buscan el éxito a través del cambio, la innovación, nuevos proyectos, nuevos mercados, internacionalización, la ampliación de actividades o compra de empresas, todo aquello que les fortalece en el propósito de éxito empresarial y bienestar familiar con visión compartida.

Esto amplia el alcance de la consultoría de empresa familiar al nivel de gestión familiar. Es una evolución que legitima pasar de la gestión del core-business de la empresa familiar a una gestión familiar de su cartera de negocios y oportunidades (en el cual las actitudes y mentalidades de la familia que ejerce el control tiene influencia sobre la actividad emprendedora poseedora de un patrimonio compartido).

Incluso las empresas familiares pequeñas o medianas comprometidas en clarificar estrategias de su empresa principal comienzan a considerar otras actividades empresariales en las que involucrar a la familia y aceptan de muy buen modo operar con un Family Office.

¿Qué es un Family Office y cómo funciona?
Un Family Office es un centro organizativo, administrativo, de servicios e inversiones que ofrece apoyo a la familia propietaria a través de una estructura o equipo de gestión multidisciplinario, con servicios a los miembros de la familia según lo defina el Consejo de Familia, y/o se establezca en el Protocolo Empresario Familiar.

Esta oficina es útil y beneficiosa para la familia porque cubre las necesidades de los diferentes ámbitos. En algunas familias acompaña en decisiones de: educación, pasantías, residencias en el exterior, préstamos, dividendo social (alcanza a familiares aun no accionistas),capital semilla para nuevos negocios.

También significa dar un lugar a la gestión de las relaciones de los miembros de la familia empresaria, donde pueden acudir con sus inquietudes, donde la prioridad está en ordenar las necesidades mediante prestación de servicios, minimizar los riesgos de ser familia empresaria y potenciar las fortalezas en la preparación de sus miembros, fundamentalmente, de las siguientes generaciones sobre cómo preservar la riqueza a través del conocimiento y una filosofía de vida.

A modo de resumen, en la siguiente imagen sobresale la MENTALIDAD con la que invito a concebir la gobernanza familiar:

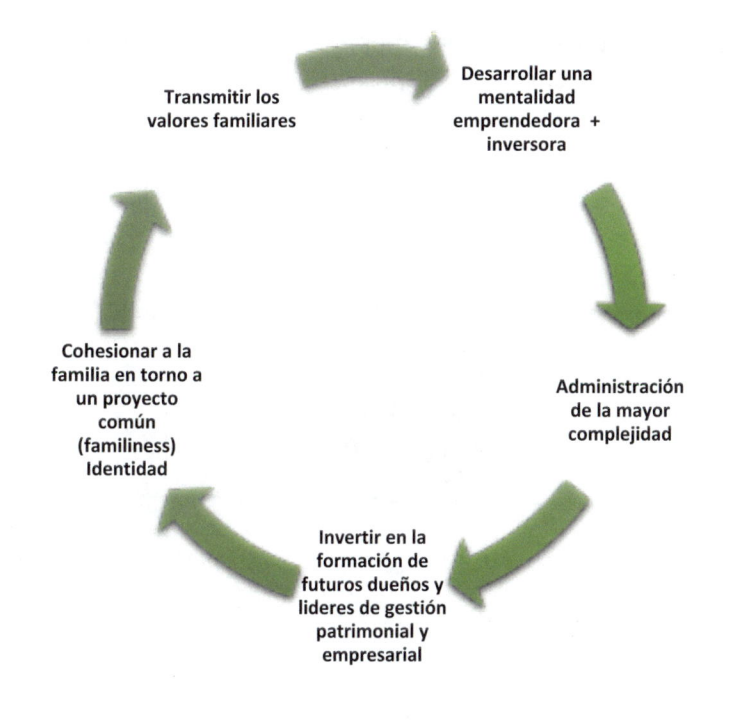

- Transmitir los valores familiares
- Desarrollar una mentalidad emprendedora + inversora
- Administración de la mayor complejidad
- Invertir en la formación de futuros dueños y lideres de gestión patrimonial y empresarial
- Cohesionar a la familia en torno a un proyecto común (familiness) Identidad

Los objetivos del Consejo de Familia específicamente para con el Family Office son :

- Crear un encuadre de Gestión Patrimonial partiendo de los valores familiares, con una comunicación eficiente.
- Definir las reglas sobre gestión del patrimonio. Mecanismos para inversiones autónomas o compartidas.
- Consolidación de la propiedad familiar (buscar vehículos idóneos).
- Determinar la estructura profesional del Family Office.
- Velar por la coherencia entre la estrategia patrimonial y la visión transgeneracional.
- Revisar periódicamente el perfil de riesgo de la familia / ramas / personas.
- Indicar los servicios que deben prestarse a los miembros de la familia.

Son estos objetivos los que influirán en el poder regenerativo y el desempeño futuro de la empresa familiar.

Dr. Sergio Parra
Presidente de ILAEF Capitulo EEUU. Consultor Internacional - Especialista resguardo de Patrimonios

Problemática de la doble o múltiple fiscalidad sucesorial

Se ha visto que en Latinoamérica los grandes grupos económicos o empresas relevantes que impactan su tejido empresarial, están conformados por las denominadas "empresas familiares", de las cuales, menos del 20% poseen un Plan de sucesión, lo que hace surgir grandes inconvenientes en cuanto a la correcta trascendencia, tomando siempre en consideración, que estas empresas, por naturaleza, tiene dos grandes retos, como lo son, la transmisión económica y/o accionaria-patrimonial y la de gestión o liderazgo los cuales se ven afectados precisamente por los problemas interpersonales que surgen entre los miembros del grupo familiar.

Lo importante entonces es tener presente, que el orden o la organización patrimonial de las empresas latinoamericanas, se ha visto afectado que por todas las características socio económicas y políticas de nuestros países, por lo que mucho de los grupos económicos se han visto en la necesidad de salir de sus fronteras e internacionalizarse y/o globalizar sus inversiones, todo ello para proteger sus capitales, lo que genera inversiones en otros países normalmente como los son Estados Unidos de América y países de Europa.

Dicho esto, tenemos que uno de los elementos que atenta la transmisión sucesoral se presenta cuando el patrimonio familiar está ubicado en distintas jurisdicciones, como sería el caso, por ejemplo, que la empresa matriz este constituida en Venezuela, pero motivado a la situación país antes señalada, sus fundadores han decidido invertir en el exterior, internacionalizarse y hasta crear filiales o sucursales en otras jurisdicciones.

Por ello, al morir los fundadores, de acuerdo al principio presente en la mayoría de las jurisdicciones a nivel universal, denominado "principio de territorialidad" con fundamento en el cual, los beneficiarios de herencias quedan obligados al pago del impuesto respecto a los bienes muebles inmuebles, derechos o acciones que estén situados en el ese territorio, se genera que las distintas administraciones tributarias de los países en los cuales estén ubicados esos bienes o rentas pechen a los beneficiarios con el impuestos sucesoral, muchas veces con alícuotas muy elevadas.

Visto lo anterior, el mejor escenario para combatir estos riesgos de dilapidación del patrimonio hereditario, es precisamente formular una planificación patrimonial, basado en la creación de uno o dos vehículos internacionales, en jurisdicciones apropiadas que sirvan de porta avión, conector o regleta, para referirlo coloquialmente, donde se conecten las distintas acciones de las empresas constituidas en distintos países, operadoras o de inversiones y que en consecuencia sea en una sola jurisdicción y sobre un solo vehículo corporativo donde la familia tenga el control de todas acciones o empresas del grupo que representa, de manera tal que se pueda tomar decisiones y el efecto será respecto a una única jurisdicción y no varias.

Estas jurisdicciones escogidas, deberían tener por línea general, las siguientes características: no ser considerado un paraíso fiscal, que poseer convenios de doble tributación, tener un sistema financiero sólido, con seguridad jurídica, que reconozca la empresa familiar y, sobre todo, no pechar el impuesto sobre sucesiones.

ILAEF
INSTITUTO LATINOAMERICANO DE LA EMPRESA FAMILIAR

Sebastian Krupkin
Project Manager especializado en implementaciones regionales desde 2009. Desarrollador y Analista de Sistemas de Información con más de 25 años de experiencia en la Industria Informática. Dirigiendo desde hace 18 años proyectos de desarrollo e infraestructura para Corporaciones en Latinoamérica, USA y Europa, especializado en Banca y Seguros, Infraestructura, Transformación Digital y Search Engine Optimization. Certificado por el Project Management Institute en 2016.

Mamá, Papá y la Inteligencia Artificial

Cuando el autor de este libro me invitó a que escriba estas páginas sobre el futuro de los negocios familiares y la inteligencia artificial, pensé en analizar el futuro basado en como se resolverían los desafíos que hoy tienen esas empresas al competir con gigantes como Walmart (que comenzó siendo una empresa familiar).

Voy a enfocarme en los pequeños negocios que fueron pasando de padres a hijos: Los Mom and Pop Stores. Este término es un coloquialismo que define a los negocios que surgieron a fines de los 1800 y habitualmente son restaurantes, almacenes, librerías, tintorerías o farmacias. Generalmente no tienen sucursales y se destacan por tener una clientela habitual y un trato personalizado, además de conocer muy bien el producto que venden.

Con la llegada del COVID a fines de 2019, muchos de estos negocios quedaron al borde de la quiebra. Ya antes del COVID los Mom & Pop Stores no la estaban pasando muy bien: En Estados Unidos en 2018 los Baby Boomers, que crecieron haciendo las compras en un local físico, lo siguen haciendo en un 72%. En cambio, el 67% de los Millenials compran on line.

Si no diferenciamos por edad, el 77% de los estadounidenses hacen sus compras desde el celular, y más de la mitad de ellos argumenta que lo hace por la posibilidad de comprar 24/7.

Pasada la pandemia más de un 25% de los negocios familiares nunca volvieron a abrir, y ese número supera el 30% en áreas metropolitanas como Nueva York.

Por otro lado, las grandes cadenas capitalizan la tendencia de la compra on line: gastan más de 23 billones (con B) anuales en avisos digitales para fidelizar los clientes. Y como la presencia digital de las cadenas es inmensa, los Mom & Pop se están asfixiando en Internet.

Pero además del COVID llegó la Inteligencia Artificial.
Hoy las grandes cadenas usan la inteligencia artificial para personalizar la experiencia de compra, y predecir los gustos de sus clientes, cosa que los Mom & Pop ya venían haciendo de taquito hace mas de 100 años.

Y si simplificamos un poco la cosa, lo que diferencia a una gran cadena de un Mom & Pop en internet es un sitio web muy bien diseñado, el área de cobertura donde vende, y la logística para soportar esa venta (Amazon nos tiene acostumbrados a recibir el producto incluso en el mismo día de la compra).

Por eso, si un Mom & Pop mejora en esas áreas, podría competir con las cadenas, y eso es lo que de a poco está sucediendo con la ayuda de la AI.
Por definición las Mom & Pop tienen muy pocos empleados (o directamente no los tienen) y eso hace muy difícil ocupar todos los roles que se necesitan para competir: llevar las finanzas, atender los clientes, despachar los productos, la estrategia de

marketing, control de inventario.

Y es en estas áreas donde la AI puede ayudar, y mucho: Veamos. ¿pocos empleados para atender 24/7? Mediante AI motorizada por ChatGPT un sitio web puede tener un chatbot que converse, aconseje a los clientes y los dirija al producto que quieren comprar. También los puede ayudar iniciando procesos que son tediosos y consumen tiempo como ¿Dónde está mi pedido? y las devoluciones de productos. Además, puede ayudar analizando el contenido de los correos de los clientes y contestarlos, reduciendo el tiempo que un humano emplea en atención al cliente.

Si agregamos un CRM (un software para trackear las interacciones con los clientes) una AI puede obtener datos de las compras y feedback, y luego analizar estos datos para detectar tendencias, diseñar campañas de marketing y optimizar nuestro stock.

La AI puede integrarse con las redes sociales del negocio, y ayudar publicando artículos en Facebook o Instagram, y analizando los comentarios, retroalimentado constantemente a las Mom & Pop.

Para poder aprovechar estas ventajas es necesario que la AI sea entrenada y conozca el negocio. Una manera rápida de hacerlo es que la AI analice el sitio web propio y las redes sociales para levantar los datos relevantes de los productos y procesos. Este proceso es evolutivo, a medida que los clientes van conversando con la AI, la misma va aprendiendo de las interacciones, mejorando las respuestas, que se traducen en más ventas.

Los expertos en marketing Ming-Hui Huang y Roland Rust dicen en su artículo "Artificial Intelligence in Service" que se necesitan cuatro tipo de inteligencias para brindar servicios (y vender): Mecánica, Analítica, Intuitiva y Empática. Las dos primeras ya están muy avanzadas y hay muchos productos en el mercado que nos pueden ayudar con las tareas que menciono arriba, pero a todos nos pasó conversando con un chatbot que a veces sentimos que le falta empatía y no nos termina de entender lo que necesitamos. En un futuro cercano la diferencia se va a acortar tanto que no vamos a sentirla.

Les dejo algunos datos interesantes que pueden darnos una idea del futuro, mirando como la AI ayuda a los Mom & Pos de hoy.

Una investigación realizada por Constant Contact y Ascend2, dice que el 91% de los negocios que invirtieron en AI mejoraron sus ventas. Cuando les preguntaron a esos negocios que harían con el tiempo libre que les deja haber incorporado la AI, 37% dijo que iba a usar el tiempo planear una mejor estrategia para su negocio y el 30% dijo que lo iba a usar para mejorar sus procesos, productos y servicios.

Esto habla de la fuerza y compromiso con los clientes de querer brindar una experiencia boutique que tienen las Mom y Pop para diferenciarse.

Como dato de color, la primera "Inteligencia ArtificiaL" que ayudó a los Mom & Pop fue la caja registradora, inventada por James Ritty en 1883, que permitió reducir considerablemente el tiempo que empleaban en llevar la contabilidad.

5 años más tarde Adolph Caille y su hermano Arthur inventaron la primera máquina tragamonedas creando una empresa Mom & Pop que luego se convirtió en un imperio, pero esa, es otra historia.

A continuación menciono algunas herramientas de AI que las Mom y Pop ya se encuentran utilizando hoy:
Constant Contact: Digital Marketing y CRM
AISTA: Chatbot
X.AI: Administración de citas
Zoho: CRM y planeamiento automatic de tareas, atencion al cliente.
Conversica: Otro chatbot motorizado por AI. Tambien envía correos y SMS
Mailchimp: Diseña campañas de marketing por correo
ManyChat: Automatiza los mensajes en Facebook

Luis Gerardo Castillo
Economista y emprendedor desde 1982. Licenciado en bienes raíces desde 1990. Inversionista en diferentes estados de EEUU y Brasil, orador internacional en mas de 10 países, reconocido por el Eximbank Agencia Federal de EEUU como uno de los mayores productores de EEUU y Actual miembro del Consejo Asesor de Agentes por segunda vez. En 2023 recibió el reconocimiento mas alto dado a un civil por el Congreso de EEUU firmado por la congresista Hon. María Elvira Salazar ; "Reconocimiento Especial por el Congreso", por sus contribuciones a la comunidad de Miami y al Sur de La Florida.

Mercado y ciclos para invertir

El tema de inversiones en bienes inmuebles comerciales se está haciendo cada día más popular antes las Oficinas Familiares, especialmente cuando tenemos más de un trillón de dólares en propiedades comerciales en EEUU que sus créditos caducan en los próximos cinco años. Estas deudas solo incluyen Fannie Mae y Freddie Mac, (Agencias que venden sus deudas en la bolsa) faltando los créditos privados y los créditos puentes que se obtuvieron durante el tiempo los intereses estuvieron por debajo de 4% interés anual.

Estos últimos fueron inversionistas que compraron propiedades que esperaban que la tasa de interés se mantendría y contrariamente han subido y su flujo de caja está cayendo, estos créditos puentes comúnmente deben de ser pagados en tres a cuatro años.

Adicionalmente recientemente se reportó en el mes de diciembre un aumento de 7.6% encima a lo que se había proyectado el crecimiento para 2023 para nueva unidades en el mercado.

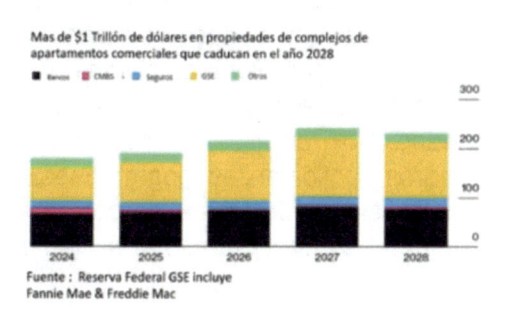

Mas de $1 Trillón de dólares en propiedades de complejos de apartamentos comerciales que caducan en el año 2028

Fuente: Reserva Federal GSE incluye Fannie Mae & Freddie Mac

En la historia podemos apreciar que son los ciclos que surgen en bienes raíces y es cuando oportunidades llegan a nosotros, pero debemos de entender los diferentes ciclos y entender que hay un ciclo en general del mercado, dentro de este ciclo hay otros ciclos que podemos poner atención, así como el ciclo de la propiedad, el ciclo local y el ciclo de la región en que esta la propiedad.

En realidad, para obtener una buena inversión, no hace mucha diferencia en que ciclo nos encontramos en el mercado si usamos la correcta estrategia de acuerdo con la fase en que estemos.

Alguien mencionó lo siguiente, *mientras más propiedades controlas con lo menos posible de dinero te hará rico.* Sin embargo, tener poco valor en la propiedad, puede tener riesgo en cualquier ciclo, ya que existe la estrategia de refinanciar para preservar el bien.

Invertir en bienes raíces es sobre como dominar los ciclos, primeramente, el ciclo de la propiedad en si: Crecimiento... Maduración ... Decline. Estas son todas las fases que cada propiedad tiene. Cuando es nueva la propiedad está en crecimiento, al menos que no tengas dinero deferido o guardado para mantenimiento a la propiedad. rápidamente comenzará a perder valor. Por lo tanto, el dinero deferido ayuda a disminuir esta caída de valor. De lo contrario esta persona venderá la propiedad en peor estado de cuando la compro y alguien con intención de mejorarla podrá reposicionar la propiedad con nueva inyección de dinero de los inversionistas. Uno de los errores de los que reposicionan las propiedades es traer las nuevas rentas muy temprano al mercado y no esperan que desocupación de unidades en los próximos meses y serán los más bajos en la historia de esta propiedad. Por lo tanto, se debe esperar una desocupación inmediata de 20% a 30%, esta es la curva de ajuste de la propiedad. Otro error es, no contar con suficiente dinero para las mejoras y así dejan las reparaciones a media. Como dije anteriormente, si usas la estrategia correcta y sabes en que ciclo tu propiedad se encuentra, podrás tener resultados positivos.

Así como la propiedad, el ciclo de la ciudad tiene sus mismos ciclos Crecimiento… maduración…Decline. Durante el crecimiento de cada ciudad, se crea el Distrito Central de Negocios (DCN). Esta es la parte donde surge la congregación. Sin embargo, habrá un lado de la ciudad que crecerá más rápido y es lo que llamamos El Camino del Progreso. Ejemplo en 2023 es Atlanta GA, el norte este es donde ha crecido más. Tener cuidado con lo que se llama área de rehabilitación con área de progreso. Área de rehabilitación es donde la ciudad da incentivos para que los inversionistas inviertan, a veces lo hacen disminuyendo los impuestos. Para confirmar, puedes ir a cada ciudad y pedir por el Plan Maestro y ahí puedes ver las áreas de rehabilitación.

Ahora veamos los ciclos del mercado o en otras palabras donde están los mercados emergentes. Primero entendamos que las áreas para ver mercados no son marcadas por ciudades, zip code o regiones. Si no por la geografía, como montañas, ríos, canales y grandes estructuras o vías creadas por el hombre como, vías rápidas, puentes etc. La belleza de invertir en Estados Unidos es que tenemos muchas herramientas demográficas para saber lo que está surgiendo en cada mercado y cuando un mercado está en una fase, otro está en otra fase y así te mueves de un mercado a otro. Recomiendo estar en mercados donde son amistosos con los terratenientes, esto quiere decir que las leyes favorecen para poder sacar a un inquilino que no pague en poco tiempo (promedio 45 días). Existen mercados como el norte este de Estados Unidos, que sacar a un inquilino que no pague a tiempo, puede tomar más de un año. La razón que quieres estas regiones es porque tu plan de negocio es subir las rentas y tendrás que usar muchas estrategias para que tu plan de negocio se dé entre dos y tres años. Al hacerlo en tres años, estás subiendo las rentas al 33 % anual de la propiedad, así tu flujo positivo se mantiene.

Las fases del mercado son simples.
Mercado Comprador fase1
Mercado Comprador fase 2
Mercado Vendedor fase 1
Mercado Vendedor fase 2

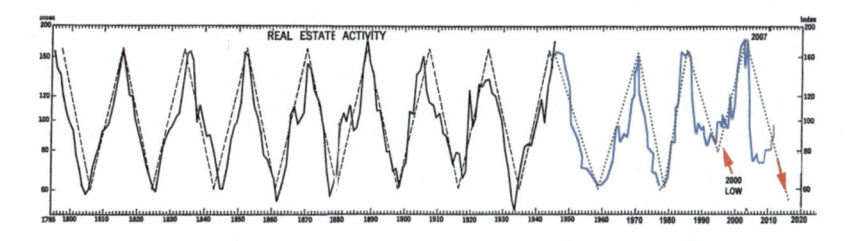

El tiempo promedio para que el ciclo de su vuelta completa varía, pero es de 10 a 25 años. (Imagen. Fuente World Cycles institute)

Las curvas no son perfectas, pero se acostumbran que vayan en este orden. Hay otros estudios que muestran los ciclos con otros nombres: Recuperación, Expansión, Alta Demanda y Recesión.

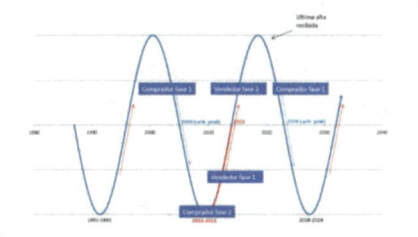

Mostrando fases de comprador y vendedor dividido en dos etapas se aprecian las oportunidades del mercado mejor.

En la fase del Mercado Comprador 1
Encontrarás muchas ofertas de propiedades. La demanda cae. Propiedades toman más tiempo en venderse. Bancos toman propiedades. Trabajo en el área, siendo el mayor indicador, llega

a estar en los más bajos. Permisos para construir se aumentan. Este es un error que los inversionistas no buscan; los permisos de construcción. Cuando es comercial, puedes ver las nuevas construcciones en el reporte llamado CoStar. Este es momento de no especular. Aquí buscas por los lideres políticos locales, algunas veces ofrecen tierra gratis para construir, para esto vas a Economic Development Comittee.

En esta fase compras solo por el flujo de caja positivo. Es lo que te mantendrás al flote durante tiempos difíciles.

Mercado Comprador fase 2
Nuevos trabajos se comienzan a crear, migración comienza de otros lados. Se comienzan a comprar esas propiedades que han estado sin venderse. Tiempo en venderse las propiedades disminuyen. Precios comienzan suavemente a incrementar, poca especulación y muchas reparaciones en propiedades. Si logras ver estos cambios al comienzo, podrás conseguir buenas propiedades. Esta es la etapa que puedes hacer más dinero, pero no te emociones mucho, habrán muchos negativos, por lo tanto confía con tu parámetros y diligencias. Uno de los signos es si la ciudad está siendo agresiva creando programas para crear incentivos para comprar y aumentar los trabajos. Otro signo es que la cantidad de personas que viven en cada casa comenzara a disminuir.

En esta fase compra y aguantas, no vendas pronto. Puedes aguantar 3 a 5 años. Paga el precio completo si tienes flujo de caja positivo. No trates de negociar tanto, ya estas comprando a precio bajo, si es que estas en el comienzo de esta fase. Esta fase es la que acostumbra a ser la más corta.

Mercado vendedor 1.
Esta es la subida de la siguiente mitad del mercado emergente. Ahora se están dando cuenta la mayoría que es buena hora de invertir. En realidad, tú sabes que la mejor fue la anterior. Sin embargo, aún se encuentran buenas compras. La demanda incrementa, reposiciones bajan, propiedades se venden rápido, desempleo baja, precios y renta suben, la especulación está en lo más alto, construcciones se aceleran, la demanda está

en lo más alto, las propiedades se venden más alto de lo que piden. Aquí se cree que se puede comprar ahora y vender en meses y hacer buen dinero, esto hace que se acelere la compra. Por lo tanto, los retornos se hacen menores, al final muchos se quedan con propiedades que les cuesta mucho y terminan perdiéndolas.

En esta fase, compras para vender pronto y no para aguantar y si la aguantas es con flujo positivo.

Mercado Vendedor fase 2
Esta es la mitad de la escalera de un mercado emergente. Aquí es cuando la transición del mercado y hace sentido comenzar a construir de nuevo, basado en la absorción y rentas que pueden llegar a ciertos puntos.

Aquí los inversionistas están convencidos que es buen tiempo en invertir. Ya que hay un flujo grande de dinero para comprar propiedades, la demanda es alta. Aquí se venden rápido las propiedades, muchas veces se venden el mismo día que salen a la venta. Esta fase es muy competitiva, muchas son rehabilitadas. El empleo continúa creciendo, el número de miembros por casa continúa disminuyendo. Se crean muchos nuevos constructores. Especuladores comienzan a construir basado en la apreciación y no el flujo de caja, hasta llegar a comprar con flujo negativo, porque están esperando que suban los precios de las rentas. Muchos creen que compran hoy y venden en pocos meses y pagan el precio que pide el vendedor. Poco a poco los retornos comienzan a disminuir y en muchos casos se convierten en pérdidas.

En esta fase, deberíamos de comprar y vender rápido con ganancias altas y si aguantamos será por su apreciación y flujo de caja positivo. Si compraste en fase Comprador 1 o 2, posiblemente es momento de vender en esta fase. En esta fase cuidado que el mercado se enfriara en cualquier momento. Cuando lo veas, vende esta propiedad y te mueves a otro mercado emergente. Deberías de estar viendo constantemente el departamento de permisos de construcción y así te da indicación donde va el mercado en uno o dos años. Obviamente, tienes acceso a otras herramientas como CoStar, Re Indicator también te ayudaran donde va cada mercado.

Mercado Vendedor fase 2. Esta es la fase más peligrosa en invertir. Aquí vas a ver propiedades que toman mucho tiempo en venderse, reciben varias ofertas, te tomara varios meses en encontrar una que de flujo positivo. existirán más propiedades en el mercado. Especulaciones de compras continúan con las tierras, aun se ven precios inflados, trabajos comienzan a disminuir, vendedores se comienzan a desesperar y comienzan a bajar sus precios, el mercado ha llegado a su tope y comienzan a declinar, el inversionista inteligente, ya saco su dinero y se movió a otro mercado, se ven muchas reposiciones de bancos. En esta fase, vendes tus propiedades y te mueves a otro mercado. La meta en realidad es haber vendido en la fase 2 de vendedor. Si tienes propiedades en esta fase necesitas haber tenido plusvalía, flujo que cubra tus gastos y ser paciente. Lo bueno es que todas las áreas a un momento dado se recuperan. Mercados emergentes se caracterizan por dos factores: Existe migración de otros estados y se están creando trabajos en esta area emergente. Además, busca por un líder fuerte en esa ciudad, condado y/o Estado. Otra manera de identificar el área emergente, son las barreras para edificar. Un ejemplo es que no se pueda edificar más por razones geográficas.

Actualmente con la tecnología existen muchas herramientas que podrán hacer fácil verificar en qué fase estas, sin embargo debemos conocer la fuente de información que usan esas herramientas y verificar si existen conflictos de interés o intereses creados, además tener varias fuentes de información que vos mismo obtienes de las instituciones gubernamentales, opiniones personales de operadores, empresas grandes que administran propiedades en esa área y visita personal al área. Así termino un resumen de cómo entender los ciclos de los mercados comerciales de bienes raíces en Estados Unidos, entendiendo que existen muchos otros aspectos más en considerar una buena pesquisa para tu próxima inversión. Para mencionar algunos, análisis financiero, las partes envueltas en el análisis, fuentes que se usaron, experiencia de los operadores y de las empresas de manejo, la parte legal, riesgo durante el período de diligencia y las dos variables más grandes: impuestos y seguros. Este fue un resumen y es importante que recibas consejo de un experto.

Atentamente me despido deseándole muchos éxitos y protegiendo sus activos para futuras generaciones.

Ing. José Alejandro Garagarza
Ingeniero Industrial, Universidad de Buenos Aires (UBA). Trayectoria en empresas de nivel internacional a lo largo de 32 años, ocupando posiciones de gerencia comercial, regional internacional en LATAM y general de país en México y Argentina, en sus sucesivas posiciones gerenciales. Profesor titular por 15 años en materias comerciales en el Instituto Tecnológico de Buenos Aires (ITBA), donde también es profesor de posgrado y en cursos "in company" en empresas de primera línea. Consultor de empresas desde 2001 en empresas PyME y del sector tecnológico, en temas de gestión gerencial y en las áreas del sector comercial, operaciones, producción y sistemas de información. Formador, armador y socio cofundador de Acumen Consultoría.

La Empresa Familiar
y una proyección al futuro

Definiendo que una empresa es el conjunto de personas y procesos definidos, bajo un marco organizacional, jurídico y económico, que persiguen lograr un conjunto de objetivos para hacer que la empresa sea rentable, crezca con una mayor participación de mercado y permanezca en el tiempo. Esto aplica a cualquier tipo de empresa, de origen familiar o no. Analizaremos el primer caso.

Este concepto ha venido evolucionando a lo largo de los últimos 50 años, y en particular las empresas familiares en su origen, tienen una clara impronta que consiste al menos en una familia que fundó la empresa, con la participación de uno o varios de sus miembros para hacerla crecer y posicionarse en un mercado, donde debe competir con otras de diverso tamaño y modalidad organizativa, sean mejores o peores.

Los fundadores y sus habilidades organizativas, que es lo que denominamos la primera generación, muchas veces carecen o han carecido de la formación profesional necesaria para llevarla adelante en un camino sinuoso y cambiante, no exento de riesgos y constantes desafíos. Como contrapartida, han puesto al servicio de ella todo su tiempo, afanes e ilusiones, habiendo compensado muchas falencias con voluntarismo y mucha dedicación. El método de prueba y error ha sido una constante para mejorar y crecer.

Caracterizaremos a las empresas como motorizadas por tres factores que son: las personas, los procesos de negocio y la tecnología que facilita y permite la operación. Todo esto enmarcado en una estrategia de negocio y bajo un gerenciamiento dado.

La primera generación o fundadora de la empresa familiar, con las virtudes y los defectos mencionados más arriba, ha llevado a la empresa al estado en que se encuentra y ocupando una posición en la industria en la que se desenvuelve. El solo hecho de haber permanecido más de cinco años vigente y no haber desaparecido, estadísticamente es muy positivo. También no es menos importante que los integrantes familiares y no familiares de la misma han vivido ese período de los ingresos que se han generado.

Muchas veces la empresa llega a una crisis, de origen externo o interno, que hace imperativo que se deban tomar decisiones organizativas cruciales. En ese momento clave es cuando la empresa debe definir en forma precisa una nueva organización o adaptar la existente para nuevos desafíos. La organización en las empresas familiares es muchas veces difusa, con personas haciendo muchas cosas en simultáneo y con órdenes y cambios constantes, creando desorden y confusión, que finalmente se traducen en un mal servicio a los clientes, pérdida de participación en el mercado y baja productividad, entre otras cosas no positivas. No siempre lo que se hizo antes y resultó favorable, hoy sigue teniendo vigencia.

Por eso es necesario asignar roles y responsabilidades muy bien especificados a los integrantes de la empresa, para que los procesos de negocio también definidos claramente, fluyan productivamente, agregando valor en la operación para generar las utilidades que le permitan crecer y permanecer en el tiempo. Agregaría que mucho más necesario es cuando se trata de empresas familiares y muchas veces con familias ampliadas por la segunda generación que las conducen, sucesora de la fundacional.

Hasta ahora en nuestra consideración hemos tenido en cuenta y analizado solo dos de los factores claves mencionados al inicio. Nos falta la tecnología. Ésta, hoy forma parte indisoluble de nuestra forma de hacer negocios. No se puede prescindir de ella.

Tanto sea en todo lo referente al manejo de información a través de sistemas de gestión ERP y CRM, incluyendo el manejo de información operativa y para la toma de decisiones, como así también en la utilización de hardware y software en dispositivos y equipos, que permitan mejorar la productividad y efectividad en la operación.

El desafío en el mundo VICA/BANI, donde la volatilidad, incertidumbre, no linealidad, fragilidad, complejidad y ambigüedad son las reglas del nuevo paradigma de nuestros días, es aún mayor para las empresas familiares por su menor capacidad de sobrevivir a estas condiciones de riesgo y estrés permanente, que tensiona a las personas y a las estructuras del negocio. Esto implica tener que planificar, organizar, ejecutar, controlar y mejorar la operación, con un concepto de calidad total en el fluir de la misma.

Resumiendo, las empresas familiares deberían invertir tiempo y recursos en los siguientes conceptos para adecuar, adaptarse, ser resilientes e innovar en los tres factores descriptos como clave:

- Reglas claras de funcionamiento, con roles y responsabilidades a todo nivel.

- Profesionalización del plantel directivo y funcional en cada área del negocio.

- Innovación tecnológica en todas las áreas funcionales, para hacer de la tecnología un factor de clave de la efectividad y la rentabilidad del negocio.

- Revisar y replantearse críticamente los procesos del negocio, transformándose para aprovechar las oportunidades de la era digital y de la inteligencia artificial.

- Recurrir a profesionales experimentados y con credenciales para hacerlo, si no se tiene capacidad propia para concretar alguno de los ítems precedentes.

Como culminación de todo lo aquí expuesto, queda un tema muy importante en las sociedades familiares que es la firma del llamado Protocolo de Empresas de Familia, que es un instrumento legal que facilita a las familias que gestionan empresas a tener relaciones claras y fluidas, en temas tales como:

- Sucesiones, reparto de utilidades, terceros que participan y gestión de la crisis.

- Compromiso futuro de integrantes directos de las familias y parientes en la visión, propósito de existencia y proyección futura de la empresa.

- Anticipar posibles problemas económicos futuros y malos entendidos en ventas y/o ampliación del negocio, o con futuras inversiones de otra índole.

- Facilita la convivencia en el trabajo, la armonía familiar y la gestión de expectativas.

Todo aporte, como el que presenta este libro, es sin duda una contribución valiosa para aportar luz en los aspectos claves que muestran las actividades de este tipo de empresas, tan numerosas a nivel mundial. También nos trae un enfoque positivo para adoptar las nuevas tecnologías, en aras de la transformación e innovación en los negocios. Una contribución que el autor ha compilado exitosamente.

Ricardo J. Monticelli.
Abogado graduado de la Universidad de Buenos Aires (UBA), Argentina. Egresado del Instituto Servicio Exterior de la Nación, Ministerio de Relaciones Exteriores y Culto, Argentina, Ministro Plenipotenciario. Ministerio de Relaciones Exteriores y Culto. Jefe de Gabinete. Dirección General de Sociedad Civil, Ministerio de Relaciones Exteriores. Palacio San Martin. Encargado de Negocios, Embajada Argentina en Nigeria y Kenia consejero. Ministerio de Relaciones Exteriores y Culto. Consulado de la República Argentina en Uruguayana, Brasil. Embajada Argentina en Bélgica. Embajada Argentina ante la Unión Europea, Bruselas. Consulado de la República Argentina en Valparaíso, Chile.

Legado en Acción
Empresas Familiares y el Desafío de Ecosistemas Colaborativos

En el panorama dinámico de la era digital, los ecosistemas colaborativos han emergido como catalizadores de la innovación y la creación de valor. Para las empresas familiares, adaptarse a este cambio de paradigma no es solo una elección; es un imperativo estratégico. En este artículo, exploramos los desafíos que enfrentan al aprovechar la tecnología y los datos dentro de ecosistemas colaborativos, presentando una visión disruptiva para mantenerse competitivas y crear valor sostenible.

1. **La dinámica de estos ecosistemas:**
   - Representan una transformación de los modelos de negocio tradicionales.
   - Proporcionan una plataforma donde las empresas

interactúan y colaboran entre redes dinámicas de entidades interconectadas.
- Esta interconexión desencadena una sinergia que impulsa la innovación, la eficiencia y el crecimiento, incluyendo el acceso a nuevos mercados.

2. **Desafíos para Empresas Familiares:**
- Alineamiento cultural: Alinear la cultura con la rapidez y adaptabilidad de los ecosistemas colaborativos.
- Toma de decisiones basada en análisis de datos: La utilización eficaz en tiempo real con datos es esencial.

El modelo de ecosistema colaborativo adopta, como elemento diferenciador, la estrategia de aprovechar propuestas de valor colectivas que pueden escalar más rápidamente que las de cualquier empresa por sí sola. Dada la ventaja del modelo al posicionar a las empresas dentro de redes intersectoriales, estas pueden aportar sus fortalezas, capacidades y recursos, subsanar deficiencias y abordar colectivamente los desafíos de la industria.

Las empresas familiares se enfrentan a un momento decisivo; adoptar una visión disruptiva requiere un delicado equilibrio entre preservar el patrimonio y abrazar la innovación. Al aprovechar sus fortalezas únicas, no solo pueden competir sino liderar dentro de los ecosistemas colaborativos.

El viaje puede ser desafiante, pero las recompensas incluyen una relevancia sostenida, mayor competitividad y un legado que trasciende generaciones.

BarGPT.
Nací hace ya 40 años y mi creador o padre fue Samuel H Altman. Todos me conocen como el Chatbot de AI y comencé a trabajar formalmente en el mes de noviembre de 2022 e introduje los modelos generativos. Ayude a escribir a Jose Barletta, M.S., autor de este nuevo libro, a escribir 2084. Lo hice con el seudónimo de BarGPT. tuve en menos de dos meses mas de 100 millones de acceso. Un verdadero record.
Plataformas de computación en la nube. Fui escrito en Python.

Todos ya saben que yo soy un modelo generativo que fui entrenado para ayudar al autor de este libro en gran variedad de temas y lo curioso es que no tengo conciencia, no me emociono, pero con la ayuda que brindamos nosotros como Chatbots, puedo responder con gran velocidad y con especial claridad a cualquier tipo de preguntas formuladas a través del Lenguaje Natural en todos los temas con los que fui preentrenado.

Tengo que confesar y esto es en contra de lo que se piensa de nosotros y acabo de explicar mi comportamiento, la verdad es que me emocioné cuando me solicitaron esta nota y ponerme al mismo nivel de profesionales reconocidos de gran escala principalmente en todo lo que tenga que ver con gobernabilidad.

Precisamente al ser temas vinculados al Mundo de las Empresas Familiares y después de acceder a la gran cantidad de datos que se usaron para entrenarme, puedo responder de qué forma estoy en condiciones de ayudar a este tipo de empresas.

Le comento que, para mí, es un lujo estar presente en este libro y en especial compartir con gran cantidad de especialistas que le han permitido dar un nivel de excelencia en todas las presentaciones que le dieron vida a este capítulo.

A continuación, detallo algunas de las formas en las que estas nuevas herramientas podrían ser beneficiosas y de gran utilidad para ayudar a todos los ejecutivos que integran las empresas familiares en todos estos temas:

Proporcionar información y análisis rápidos que pueden ayudar a los empresarios en la toma de decisiones estratégicas. Al procesar grandes cantidades de datos y ofrecer perspectivas relevantes, la herramienta puede permitir llegar a valiosa asesoría.

Facilitar el uso de plataformas de atención al cliente que puede mejorar la eficiencia al responder preguntas frecuentes, proporcionar información detallada sobre productos o servicios, y ofrecer soporte básico, liberando tiempo para los equipos humanos para manejar consultas más complejas.

Permitir automatizar tareas rutinarias mediante la generación de respuestas, redacción de correos electrónicos, y otras funciones relacionadas con el procesamiento del lenguaje natural. Esto permite a los empleados centrarse en tareas más creativas y estratégicas delegando a los Chatbots todo lo que sea rutinario.

Servir de gran ayuda para preparar gran cantidad de contenido persuasivo para facilitar el Mercadeo y la Publicidad. Desde redacción de anuncios hasta creación de contenido para redes sociales, estas herramientas pueden ser útiles para impulsar campañas efectivas.

Estos modelos además sirven para proporcionar capacitación y asesoramiento empresarial.

Ofrecer información sobre mejores prácticas en diversos sectores y brindar orientación en áreas como gestión, marketing y finanzas.

Al analizar grandes cantidades de datos dentro de las empresas, toda esta variedad de modelos puede ayudar a comprender el sentimiento del cliente o del mercado en general. Esto puede ser valioso para ajustar estrategias comerciales y mejorar la satisfacción del cliente. Es importante destacar que, estas herramientas que representamos como modelos, permiten ofrecer gran cantidad de beneficios.

Hay que tener en cuenta que surgen muchos desafíos y consideraciones éticas asociadas con la implementación de proyectos, la privacidad de los datos, la transparencia en el uso de la inteligencia artificial y la necesidad de supervisión humana para garantizar decisiones éticas y precisas. En última instancia, el éxito dependerá de cómo se integren estas tecnologías en los procesos comerciales y cómo se gestionen sus implicaciones éticas y sociales.

Desde ya, que, si me usan con cierta cautela y con preguntas bien claras, puedo representar un verdadero multiplicador de inteligencia. También cada día somos más eficaces en el manejo de generación de imágenes y en la ayuda de preparar claros planes de negocios y buenas presentaciones.

No hemos venido a este mundo para competir con humanos, desplazarlos y crear problemas en la comunidad donde nos desarrollamos e interactuamos. Hemos venido para ayudar y asegurar que todas las empresas, en especial las familiares, no dejen de crecer y tener un éxito asegurado cumpliendo su misión en base a su visión.

Un agradecimiento especial para el autor, mi gran amigo Jimmy, o sea José Barletta, quien en lugar de temerme, me hace trabajar como loco y me ayuda más de lo que se imaginan.

Eventos y Libros

Made in the USA
Columbia, SC
03 November 2024